JN079919

チームづくりから
意思疎通・
ファシリテーション・
トラブル解決まで

"プロジェクト会議"

成功の技法

後藤洋平
Goto Yohei

SE
SHOEISHA

はじめに

　世の中には2種類のプロジェクトがあります。

　ひとつは、一生懸命努力して歯を食いしばって頑張ったのに、なぜか報われない「義務的なプロジェクト」です。早く終わってほしい、苦行から解放されたいと思っているのに、なかなかそうはならない。最低限の成果にはたどり着けてもやりきった満足感は乏しく、報酬も足りない。

　もうひとつは、楽しくて面白くて人のためにもなって、かかわったみんながやってよかったと思える「共創的なプロジェクト」です。困難な問題が発生しても、力を合わせてそれを乗り越える喜びがある。仲間との確かな信頼関係のもと、新たな価値を生み出す過程に充実感がある。やっている間は精一杯で大変だけど、いざ終わるとなると少しばかりの寂しさも感じてしまう。

　この本は、プロジェクトという当事者にとって前例のない取り組みが、どうすれば後者のような「共創的なプロジェクト」になれるかを考えるための「実践の書」です。予測不可能で正解の見えない状況のなかで、どのような心がけで、なにに着目すると、次の一歩が踏み出せるのかについて語ります。

　問題を解くキーワードは「プロジェクト会議」です。「プロジェクト」の「会議」というと、定例会議やキックオフ会議などの定型的な会議を連想するかもしれませんが、それらだけとは限りません。取り組みの行く末に深くかかわる人同士が「自分たちは、これから、どうするか」を語り、見出すための対話があれば、本書ではそのすべてを

「プロジェクト会議」とよびます。

　うまくいっていない状況を打開するために当事者同士が時間をともにして対話し、その方針や方法を発見、合意すること。それが本来なされるべき「プロジェクト会議」の本質です。

　世の中にはたくさんのプロジェクト管理手法があります。また、たくさんの会議ファシリテーション技術も語られています。しかし、プロジェクトチームの意思疎通を促すためには、プロジェクト管理手法に精通するだけでも、個別の会議の司会進行を頑張るだけでも、うまくいきません。

　なぜなら、共創的なプロジェクトには、その取り組みの立ち上げから終結までを見渡した「意思疎通の総合演出」が必要だからです。プロジェクトが着手された時点では、かかわる人同士の人間関係や、どんな行動がどんな結果につながるかの因果関係など、多くの関係性が未知に覆われています。疑問や不安を抱えたままで、力いっぱい行動できる人はいません。プロジェクトを前進させるためには、かかわり合う人やものごとがどのようにつながり合っているかを明らかにし、勇気を持って「こっちだ」と次の一歩を踏み出すことが必要不可欠なのです。

- 人と人との関係性＝私達はどのように協力しあうのか
- 会議と人の関係性＝その会議に誰がなぜ出るのか
- 会議とプロジェクトの関係性＝その会議はなぜ必要か
- 人と作業の関係性＝なぜその作業をするのか
- 計画と成果物の関係性＝本当にその計画で達成できるのか
- 行動と結果の関係性＝どんな行動が結果に結びつくのか
- 目的と手段の関係性＝私達は何のためにここにいるのか

これらの疑問に対する答えは、当事者同士が一緒に考え、悩み、発見し、納得することで初めて得られます。つまり、大局をとらえなおし、いま自分たちがどこにいて、これからどこへいくのかを考えなければなりません。考えては修正し、修正してはまた考えるという反復運動が必要です。不確実性に囲まれた状況では、"人間同士の対話"を続けることが、次に向かうべき方向を見定める唯一の方法なのです。

　社会活動を行ううえで、会議を経験したことがない人はいないと思いますが、会議を意味あるものにするための工夫は、意外なほどに見過ごされがちです。
　たとえば「根回し」というと、一般的にはあまりよくない意味合いがあります。社内政治に長けた口だけの人が、自己中心的に利害を誘導するようなイメージがあるからでしょう。一方で「会議は段取り八分」というポジティブないい方もあります。「根回し」は悪で「段取り」は善、というと、なにがなんだかわからなくなってしまいます。
　「最初に結論を簡潔に述べなさい」という一方で、「主張には綿密な論理と根拠が必要だ」という。「これが最終決定だ」と何度も確認したのに、いとも簡単に覆される。「内職禁止」「必ず発言し、場に貢献しましょう」といっているのに、重い沈黙に支配されてしまう。
　こうした矛盾や不調は会議単体の運営だけを上手にまわそうとしても、絶対に解消しません。プロジェクトが生まれ、立ち上がり、終結していく時間の起承転結を総合的にコーディネートする視点をもってはじめて、「いま自分たちは、なにを話し合うべきなのか」が見えてくるからです。それが見えたら、促したり強制したりしなくても、会議は活性化され、意味のあるものになります。

本書は6章構成となっています（表A）。

　第1章では話の根本である「なぜ、会議か」を語ります。続く第2章では会議をよいものにするための心構えを、第3章ではその具体的な開催手順を、第4章ではそれを具体的に実践するためのフレームワーク「プロジェクト地図」を紹介します。

　第5章ではプロジェクト会議運営の重点を置くべき応用のポイントを個別具体の典型的な立場ごとに解説します。第6章ではより実践的に、失敗したときの挽回法を解説します。

■ 表 A　本 書 の 構 成

第 1 章	駄目なプロジェクトや組織の典型例から、会議という行為が成果や過程にどのような影響を与えるのかを考える
第 2 章	プロジェクトにおける意思疎通の全体像をもとに、会議と作業の幸福なバランスを解明する
第 3 章	有効な結論を導く会議を開催するための段取りや取り回しを具体的に解説する
第 4 章	理想の会議の準備と開催を助けるフレームワーク「ミーティング地図」を紹介する
第 5 章	プロジェクトリーダーの置かれた状況を8つのタイプに分類し、状況別に進行のコツを解説する
第 6 章	「どうすれば成功するか」ではなく「失敗しないためにどうするか」の視点から考え直す

　筆者はプロジェクトにおける人間同士の共同作業が、どうすれば面白く、楽しく、意味のあるものにできるかを考え、実践する「プロジェクト進行支援家」です。デジタル／非デジタル、企業の大小にかかわらず幅広い現場で、主に当事者として、ときに支援者として価値創

出や課題解決に取り組んできました。

　プロジェクトという混沌とした活動は、熟練者の経験や勘、あるいは運など、言葉を通して語り得ぬ世界に属しています。誰でも使える確かな方法論を生み出すことが、閉塞感や生きづらさを解消し、経済循環の改善にもつながると考えています。

　人のため、社会のために新たな価値を生み出そうとする人であれば、誰もが「意思疎通の困難」に直面するものです。本書では、その困難を乗り越えプロジェクトを成功に導くために、誰でも今日から実践できる「等身大の会議の技法」を語ります。

　それでは、前置きはこのあたりにして早速、チームの立ち上げから実行、推進、トラブル解決までを網羅した本編に入っていきましょう。

後藤洋平

会員特典データのご案内

本書の読者特典として「ミーティング地図」の
PDF および PowerPoint ファイルをご提供いたします。

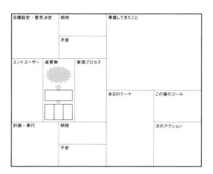

以下のサイトからダウンロードして入手してください。
https://www.shoeisha.co.jp/book/present/9784798172781

＊会員特典データのファイルは圧縮されています。ダウンロードしたファイルを
ダブルクリックすると、ファイルが解凍され、ご利用いただけるようになります。

▪ 注 意

＊会員特典データのダウンロードには、SHOEISHA iD（翔泳社が運営する無料の会員制
度）への会員登録が必要です。詳しくは、Webサイトをご覧ください。

＊会員特典データに関する権利は著者および株式会社翔泳社が所有しています。許可
なく配布したり、Webサイトに転載することはできません。

＊会員特典データの提供は予告なく終了することがあります。あらかじめご了承ください。

▪ 免 責 事 項

＊会員特典データの記載内容は、2021年9月現在の情報に基づいています。

＊会員特典データに記載されたURL等は予告なく変更される場合があります。

＊会員特典データの提供にあたっては正確な記述につとめましたが、著者や出版社など
のいずれも、その内容に対してなんらかの保証をするものではなく、内容やサンプルに
基づくいかなる運用結果に関してもいっさいの責任を負いません。

CONTENTS

第 **1** 章 　 前例のない取り組みは
どこで行き詰まるのか

■ あらゆる経済活動が「プロジェクト」の時代

第 **3** 章　プロジェクト会議の
　　　　　進め方 ————————————————— 82

第**4**章　あらゆる会議を乗り越える
「ミーティング地図」———— 106

第 **5** 章 # プロジェクト会議を 運営するコツ————————— 138

■ **プロジェクトでの「役割」は 単なる「配役」ではない** ——————————————————— 140

第 **6** 章 失敗から 挽回するためのヒント —— 164

第 **1** 章

前例のない取り組みは
どこで行き詰まるのか

深く深くいい状態で読めているときというのは、一時間ぐらい考えて
も、十分とか二十分とかというふうに短く感じることもあるし、またうま
くいってないときには、ただただ無為に時間が流れていくということは
あります。

羽生善治（棋士）　　　　　　　　　　『盤上の海、詩の宇宙』（河出書房新社）より

この本は、予定通り進まずトラブルに見舞われがちなプロジェクト進行を「会議」によって改善する手法を提案します。

なぜ、会議なのかと疑問に思われるかもしれません。第1章は、その「なぜ」にお答えすることから始めたいと思います。

プロジェクトを軌道に乗せる手段として、ウォーターフォールとよばれる従来型の手法に加えてアジャイルという新たな潮流も普及し、日進月歩で進化が起きています。便利なデジタルツールもたくさんあります。

次々と新たな手法が生まれ、成功事例を見聞きするなか「プロジェクトをうまく進めるためには、最新理論と手法に精通し、縦横無尽に使いこなす必要がある」というイメージをお持ちではないでしょうか。とりわけ会議のような地味で面倒なイベントは、進行状況にあまり影響のない脇役だと思われるかもしれません。

本章の前半では議論の前提を整えるため、前例のない取り組みが陥りがちな失敗パターンとそこで見られる組織体質を紹介します。
後半はそこからズームアップし、会議を中心とするプロジェクトの意思疎通のありかたに焦点をあてることで、行き詰まりの核心的な問題を明らかにします。

あらゆる経済活動が
「プロジェクト」の時代

　今日の社会では、あらゆる経済活動がプロジェクト、すなわち前例のない非定型的活動としての一面をもっています。

　プロジェクトと聞いて真っ先に連想するのは、ビルや工場の建設、新規事業、ソフトウェア開発など、大きな予算と長い期間をかけて実施される複雑なものが代表的ですが、実際のところプロジェクトとはそれらに限りません。

　規模の大小や事業の新旧、あるいは好むと好まざるとにかかわらず、市場や環境の変化を受けて新しい試みを余儀なくされた経験を多くの人がもっていることでしょう。未知の取り組みによって活動そのものが質的に大きく変化し、思ってもみなかった困難に直面することが、誰にとっても珍しくない時代が到来しているのです。

　当事者にとって初めて取り組むものごとは、さまざまな未知に取り囲まれています。未知なる環境では、なにをどうしたら成功するのかの見通しを事前に立てるのが難しいものです。

　成功したときの喜びは、大きければ大きいほど嬉しい。失敗したときのダメージは抑えたい。誰しもが抱えるそんな素朴な願いを叶えるために、複雑な活動を管理、推進するための方法としてプロジェクト管理の手法が普及しています。

　従来型のウォーターフォールに加えて、デジタル時代のアジャイルも含め、多くの手法があります (表1-1)。ここに挙げたいずれの手法も有効なものばかりです。WBS(Work Breakdown Structure：作業分解構成図)やクリティカルパスといった用語はウォーターフォール式マネジメント手法の主要概念で、計画立案においてなくてはならないものです。

■ 表1-1　プロジェクト管理手法の例

手法名	解説
ウォーターフォール	成果物と工程をあらかじめ詳しく定義し、活動全体を統制する
WBS	成果物の構成要素を漏れなく分類し、構造化する
クリティカルパス	作業期間に影響を及ぼす工程を分析し、計画を最適化する
リスク管理	計画に影響を与えうる不確定要素を特定し対処する
品質管理	成果物が満たすべき基準を明文化し、合意できるようにする
アジャイル	開発・公開のサイクルを細かく刻み、成果物を段階的に拡張する
プロトタイピング	手早い試作とユーザー調査で、仮説を検証する
イテレーション	毎週の計画・実行・振り返りの行動サイクルを整える
スクラムボード	状態ごとに分類・共有して、みんなで全体状況を把握する
ベロシティ	期間あたりの平均作業量を数値化し、見積りの精度を高める
組織開発	人同士の関係性に働きかけることで組織を活性化させる
MVV	組織の使命、実現したい姿、大切にしたい価値観を明文化する
OKR	組織と個人、双方の「目標と主要な成果」をリンクさせる
1on1	傾聴を通して関係性を改善し、創造性や主体性を引き出す

　プロトタイピングやイテレーションなどのアジャイル系の用語は、今後の作業の全体像が見えていないなかで仮説を立て、検証しながら着実に作業を進めていく際に行動指針を提供してくれます。

　加えて、心理的安全性の重要性やそれを実現するためのOKR（Objectives and Key Results：目標と主要な成果）や1on1、MVV（Mission, Vision, Value：ミッション、ビジョン、バリュー）などの組織開発手法も普

及が進んでいます。

しかし、**これらをどんなに一生懸命活用しても、プロジェクトの難航や迷走、停滞が必ず避けられるわけではありません。**

「管理」しようとすればするほど うまくいかない

プロジェクトがうまくいかないとき、メンバーのやる気や能力、行動やマインドが足りないと、人や組織の「不足」「欠点」に焦点があたります。

そのためプロジェクト管理においては、人間の能力の限界を補う工夫が実践されています。人間誰しも、知識や経験、スキルには限界があるし、いつもやる気に満ちているわけではない。だからそれを補い管理する必要があるのだ、というわけです（表1-2）。

■ **表1-2　プロジェクト管理手法における着眼点と工夫点**

手　法	着眼点	工夫点
ウォーターフォール	事前にマスタープランを作成し、その通りに管理しないと脱線する	作業の内容やスケジュール、品質基準を細かく設定し、チェックする
アジャイル	成果物の全体像をあらかじめ描き出すことは不可能	開発行動を制御可能な時間周期に分割して、反復的に進行する
組織開発	主体性やモチベーションは放っておくと減衰する	価値基準を言語化し、上司や同僚との関係性が改善するきっかけをつくる

これらのプロジェクト管理手法は、人間観の根本において「性悪説」を採用している、といえるでしょう。確かに人間の能力や知性には限界があるため、これらの手法を上手に取り入れることで、実際に進捗が改善されるのも事実です。

しかし、これらの有用性は重々承知したうえで、本書ではそのような根本的な人間観を、あえて少しの間だけ保留します。なぜなら、こうした"管理"の発想ではプロジェクトがその本質として孕む根本的

な問題を解決できないからです。

　組織的な活動を円滑に管理するためには、当事者同士が事前に個別のアクションを明文化し結果を約束することが欠かせません。しかし、前例のない取り組みにおいては、この「約束」こそが最大の困難なのです。

　いつまでに、どの程度のコストで、どんな資源を用いて、どんな仕様を満たして、どんな結果を生み出すのか。やってみないと、どうなるかわからない。一方で、約束しないとそもそも始まらない。えいやと決心し、約束する。どこかで間違いが生まれる。よかれと思ってコミットしたことが、かえってあだになる。

　大規模プロジェクトには、頼りになる専門家がいて迷える子羊たちに正解を授けてくれて、あっという間にゴールに連れて行ってくれるのだろうと想像する人もいるかもしれませんが、実際はそんなスーパーヒーローみたいな人はほとんどいません。神ならぬ人の身で未知なる取り組みを取り仕切るには限界があります。

　顧客の意向が急に変わった。素早く対応したいのに上の判断が遅くて動けない。必要な材料が間に合わない。すぐに解決しないと大変なことになるのに、危機感が共有されていない。本部はなにをしているんだ、なぜ現場と意識がこんなに乖離してしまうんだ──。

　不確実性を排除し、未来を管理したい。そんな願望が、かえって収拾のつかない困難をもたらします。

うまくいかないときは　いつも同じシナリオをたどる

　筆者は10年以上にわたって業種業態やジャンル、規模の枠を越えてさまざまなプロジェクトにかかわってきました。立場としても、メンバー、リーダー、責任者など、幅広くポジションを担ってきました（表1-3）。

■ 表1-3　筆者の経験してきたプロジェクトの例

プロジェクトの方向性	顧客からの依頼による取り組み	製品・事業等の自発的開発
課題解決	・自動車・家電部品の三次元造形試作 ・企業向けの基幹業務システム導入 ・ドローンと画像認識技術を用いた見守りシステム開発 ・アスリートへのキャリア支援	・大学発オリジナルグッズの企画、開発、販売 ・気鋭のアーティストとメーカーのコラボレーションEC事業 ・外国人留学生専門の新卒人材紹介事業
価値創出	・次世代経営者向けDX基礎講座 ・新設大学の外国人留学生向けキャリアデザイン講座 ・大手企業の次世代経営者育成プログラム ・ブロックチェーン技術による次世代セキュリティサービス開発	・書籍の執筆と発刊 ・インディーズバンドでの楽曲制作と販売 ・起業 ・プロジェクト進行支援SaaSの開発・提供

　たくさんの仲間やお客様との出会いがありました。スターのような専門家たちとチームを組むこともあれば、経験・知識・知名度ゼロからのスタートアップもありました。

　ひとくちにプロジェクトといっても、デジタル／非デジタルの別や、大企業／中堅／ベンチャーなど規模の大小によってそのあり方はさまざまです。課題解決か価値創出か、顧客からの依頼による取り組みか、自発的な取り組みかによっても力の入れどころは変わります。

　どんなプロジェクトも、まったく異なる目的、手段、資源、制約条件のもとで計画されます。いつかどこかで想定外に見舞われ、思いもしなかったシナリオをたどります。そのチームに固有の問題が発生し、同じ物語は二度と起きません。事実は小説より奇なり。起きる現象は想像をはるかにこえて多様で、予測不可能です。

　一方で、まったく異なる業界や領域の経験を積み重ね、成功も失敗も得てきたことで、**あらゆるプロジェクトにおける共通項の存在**に気づくようにもなりました。リスク対策に気をとられ、チャンスを逃し

てしまう。決めたはずの目標がぶれる。約束したはずの作業がうやむやになる。都合の悪いことを見ないようにする。大きなトラブルが発生するまで、問題に気づかない、対処しようともしない。

そしてたどりついたのが、この命題です。

あらゆるプロジェクトにおいて同じ状況は二度と繰り返さない。
それにもかかわらず、直面する困難は"いつも同じ"である。

ここからはプロジェクトの実際の流れに沿って、直面する困難の典型的な姿をくわしく見ていきます。

── 1 始まらない

予備調査と根回しだけで時間が過ぎ去る

誰もがプロジェクトの立ち上げ期に直面するのは「始めたはずなの

に、始まらない」という問題です。

　どんなプロジェクトも、必ず誰かしらの心のなかにある欲求や動機から始まります。新たな価値を生み出したい、なにかを改善したい、目標を達成したい、などの動機があって初めて新たな取り組みは「企画」として生まれます。

　新しい企画を実現しようとすると、時間や費用などのコストがかかり、当然リスクも伴います。リスクなしにリターンを得ることはこの世界の摂理上、普通は不可能です。

　とはいえリスクやコストは最小限にしてメリットを最大化したいと思うのが人間の自然な感情ですから、そのような進め方が実現できないかと、まずは考えます。その結果「初期検討」や「調査」など、本格的にプロジェクトに着手する前段階の行動が開始されます。

　とくに組織が大きくなるほど、事前調査やリスク低減にかけるエネルギーは大きくなります。一度やると決めたことが、狙い通りの結果にならなかったときに、誰がどのように責任をとるのかといった難しい問題をはらんでしまうからです。

　大企業におけるプロジェクトの世界では「調査地獄」という言葉もあります。絶対に成功すると確信できるまで、えんえんと調査を続けてしまう。それもまた、問題が発生したときの煩わしい対応を避けるためのものです。

　成功さえしてくれれば「失敗したときの敗戦処理」は避けられる。いやむしろ、成功するための調査に時間を費やして、**開始することを回避し続ければ、そもそもそんな面倒な話に向き合わなくて済む。**

　こうした心理が、プロジェクトが開始すること自体を阻みます。

② ゴールが決まらない

開始した途端にどこを目指せばよいかわからなくなる

　企画が成立し実際にチームも発足して、さぁみんなで頑張ろうと
なったとき、次なる問題が待ち構えます。「決めたはずなのに、ゴール
が決まらない」のです。

　まったくもっておかしな話です。目的と動機があって生まれた企画
であり、立ち上げたときには成功した姿が頭のなかに描かれていたは
ずなのです。なのに、いざそれを具体化しようとするとゴールがぶれ
てしまう。なぜでしょうか。

　その企画は、自分だけでない他の誰かと一緒に考えるものだからで
す。そして、未知なる環境のなかで実現しようとするものだからです。

　自分ひとりの頭のなかで考えていたものを、他者の目にさらして現
実的な環境に置いた瞬間、主観的にとらえていたゴールが「客観」と
いう名の審判を受けます。そこで初めて、漠然とイメージしていたこ

との不整合や考慮不足に気づかされます。

　ゴールを再定義する必要があっても、「すでにコストをかけ、リスクもとってなにかを着手した」という事実が関係者同士で新たなゴールを合意するのを難しくすることもあります。

　もしここで議論が「そもそも」に立ち返り、抽象的になってしまうと話はますます錯綜します。そもそもゴールを決めるのは誰なのか。ゴールとはなにか。ゴールとは、なんとしてでも達成しないといけないものなのか。達成しなかったらどうなるのか。あるいは、ゴールは途中で変わってもいいのか。途中で変わってしまった場合、それまで費やした時間や労力はどうするのか。

　ルーティンワークの世界ではこういうことは起きません。どこがスタートでどこがゴールなのか、そのためにどんな過程が必要か。実績と改善の繰り返しによって、すでに整理されているからです。

　合意可能なゴールを定めるためには、組織的行動における基本指針や価値基準が必要です。しかしプロジェクトにおいてそれらは最初から与えられるものではなく、試行錯誤のうえで醸成されていきます。

　その材料は「どんな行動をとったら、どんな結果が生まれたのか」という事例の積み重ね以外にありません。プロジェクトとは、それらがまったく乏しいところから始まります。

───（ 3 ）　実 行 さ れ な い

　プロジェクトのゴールが収束しない問題とセットになって私たちを困らせるのが「やると決めたはずのことが、実行されない」問題です。

　具体的なToDoやタスクが発生したときに「いついつまでにお願いしますね」と確認したにもかかわらず、実行されない。サボっているとか能力が足りないという理由ではなくて、みんなそれなりに真面目に取

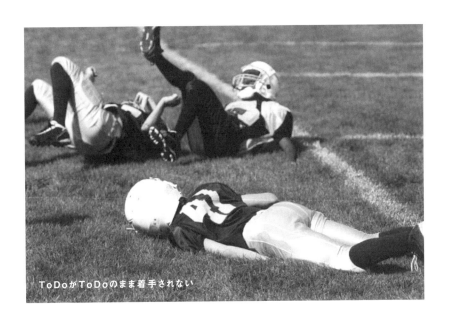

ToDoがToDoのまま着手されない

り組んでいるのに、進捗会議を開くとあれもこれもが未達ばかり。

　これまた冷静に考えると、実に不思議な話です。なにかをやりたいからこそプロジェクトが始まり、一緒にやろうと約束をしたからお願いしたのです。にもかかわらず、依頼した作業はやってくれないし、自分でやろうと思った作業も実行できない。

　サボっているとか能力が足りないといった理由であれば、まだ対処ができます。不足している資源を調達し投入すればよいからです。しかし多くの場合、そう簡単に解決することはありません。「作業を行うための材料や意思決定など、それを実行する前提条件が整わない」というやっかいな事情が進捗をさまたげるのです。

　ルーティンワークの世界であれば、その作業を実行するためにどんな材料が必要なのかは、考えるまでもなく頭の中やマニュアル、システムの中に入っています。

　しかし、プロジェクトの世界は違います。「いついつまでに、これと

これを片付けよう」と考えるとき、それが成立するための前提条件としてなにを満たすべきかについては、考えが及ばないことが多いのです。

　プロジェクトの規模が大きくなればなるほど、こうした困難は積み重なり、ありとあらゆる考慮漏れが進捗を遅らせます。「きっと誰かが考えているのだろう」という根拠のない期待によって、とられるべきアクションが見過ごされます。大きなプロジェクトになると、個人レベルでは危機感や切迫感が感じづらいのです。

　一生懸命泳いでいるつもりなのに、全然前進しない。プロジェクトの序盤から中盤にかけては、そんな感覚におそわれます。

(4) 考えない

都合の悪いことは見ない

　最初のうちはモチベーション高く着手したプロジェクトであっても、これまで見てきたようなさまざまな困難に直面しているうちに、

だんだんと勢いが削がれていきます。

　状況が膠着してくると精神的にイヤになるのが人情ですし、具体的に手を動かそうにも、どこから手を付けたらよいのかがよくわからない。

　そんなときに一時的にわっとテンションを上げて、しゃかりきになって猛然と問題を片付ける人もいるかもしれません。一時的にはいいかもしれませんが、長続きはしませんし、身がもちません。

　実際のところ、**多くの現場で行われている対処が「都合の悪いことは考えない」という恐ろしいものです。**

　難しい課題や気の重い問題は考えなければよい。見なければよい。なにも締め切りが明日、来週に迫っているわけでなし、あまりアツくなったところで状況が変わるでもなし。待てば海路の日和あり。

　そんな淡い期待は多くの場合、叶えられることはありません。当事者がなにも手を打たなければ、状況が変化するはずもありません。じりじりと戦線は後退します。後退すればするほど、現実を直視するのがイヤになってしまう。見ないのでまた後退する、という絵に描いたような悪循環が、ここに成立してしまいます。

　誰がどうやって、そんな膠着状態を解消するのか。世にも恐ろしい言葉ですが、「丸投げ」という魔法のような手段があります。部下に丸投げすることもあれば、外部パートナーに丸投げすることもあります。心が優しい人は、せめて「明日の自分」に丸投げする、なんてこともあるかもしれません。

　誰かに問題をパスするのは、実に簡単な対処法です。自分自身がややこしいことに巻き込まれなくて済む実践的な対処法です。もちろん、見て見ぬ振りの丸投げで物事が解決すれば、これほど楽な話はありませんが、そうは問屋がおろさないのがこの世の常でもあります。

⑤ 審判の日

あいまいにしていた問題が噴出して手がつけられなくなる

　プロジェクト組織が大きければ大きいほど、さまざまな問題が伝言ゲームのように上流から下流へ流されていきます。それは途中で勝手に濾過されることはなく、またいつのまにか薄まって目に見えなくなるわけでもなく、必ずどこかでツケを支払う人がいます。

　その人がプロジェクト組織の末端の人である場合は、必死の思いで残業をこなしているかもしれません。前向きに楽しく仕事をこなしている、なんて人もときどきいますが、一般的には多重下請け構造のなかで、少ない報酬、きつい労働環境で対処を強いられることが多いものです。

　多くのIT開発プロジェクトはまさに、表からは見えにくい努力の積み重ねです。問題が解決されれば成果物はリリースされ、日の目を

見ることができ、世の中に価値を提供することになります。その対価として収益が得られ、分配され、一件落着します。

しかしときどき、そうならないプロジェクトがニュースとなりメディアを賑わせます。開発の途中で頓挫して訴訟に至ってしまったとか、リリース後に大きな不具合が発覚してしまい、トラブルに発展してしまう、といった事件です。

メテオフォールという言葉があります。本来は隕石の落下を意味する英語ですが、ウォーターフォール型開発の現場では皮肉をこめた意味で使われます。清流のごとく素晴らしいインプットが流れてきて自分の作業がはかどるのではなく、実行不能で意味不明な命令が隕石のように降ってきて、次々と現場を破壊していく様子を表現しています。

他人からすると、ことが起きてしまった後から結果論で「なぜ事前に対処しなかったのか」と、素朴な疑問をもちます。しかし、プロジェクトの規模が大きく複雑だと、**危険水域に入った後に個人の力で挽回するのは不可能であることが多い**のです。

プロジェクトをうまく進められない組織の5つの特徴

世の中のプロジェクトのすべてが、メテオフォールのような悲劇的なストーリーをたどるわけではありません。最終段階まで問題が発展するのは、むしろ例外だといってよいでしょう。

ですが、決めたいゴールが決まらなかったり、交わしたはずの約束が果たされなかったりすることは、ある程度の社会経験がある人であれば誰もが身に覚えがあるでしょう。

せっかく素晴らしいアイデアや目的でプロジェクトが組成されて
も、その**実行過程がおぼつかないと、本来の目的がまったく果たせな
いままずるずると状況を悪化させ続けてしまいます**。その結果として
志かなわず、そのまま続けても甲斐のない残念なプロジェクトになっ
てしまう企画もたくさんあります。

鉄の意志でプロジェクト管理手法を駆使して、こうした摩擦に対抗
し、ビジネスマッチョに推進していく人もいます。しかし、それができ
きる人は少数です。残念なプロジェクトが生まれてしまうのは組織風
土の強い影響下にあることが多く、いち個人の推進力ではどうにもな
らないことの方が多いからです。無意識のうちにプロジェクトの失敗
や停滞を自ら招き寄せ、敗戦処理ばかりがうまくなってしまう企業も
たくさんあります。

以下、新たな取り組みがうまくいかない組織に共通してみられる5
つの傾向について、詳しく見ていきます。

① 手段にとらわれ
本来の目的や要求を忘れてしまう

新たな企画に対して実際に手を動かしていくなかで、当初の目的を
叶えることが難しい事情や、ときにはよりよいアイデアに出会うこと
はよくあります。

プロジェクトによい結果をもたらすには、そのような予想外を柔軟
に受け容れ、出会いを活かすのが理想ですが「最初にそう決めた」と
いう事実のみをもって、かたくなに初期条件に縛られてしまう組織が
ときどきあります。とくに大組織の場合、多くの人にさまざまな合意
を取り付けているために、初期条件を更新する作業自体が途方もなく
大変です。

しかし、そこで硬直的に突き進んでしまうのは危険です。目的を忘

れて手段にとらわれている状態。そのことに、実際に手を動かす当事者は気づいているのに、それを変えられないでいる状態。こうした状態を野放しにしていると、いつかどこかで無理が生じてしまうものです。

　当初の計画通りに進まない取り組みにおいては、手段より目的をつねに優先するのは必須です。想定外があった場合は、本来の目的に立ち返って柔軟に計画を変更することが求められます（表1-4）。

■表1-4　想定外に直面したときの対処法

よくない	当初予定していた手段や作業の実施を墨守する
望ましい	本来の目的や上位要求を大切にする

② お金や契約の論理に振り回され作業がおろそかになる

　当初考えた計画通りでなくなった際に、約束していたスケジュールや予算に対して悪影響が発生してしまうこともよくあります。

　そんなとき、どうしてそのような状況が発生したのかや実際に変更した場合の影響範囲を冷静に分析し、整理整頓して代替手段を提案し、互いに許容できる条件はなにかを見極めて計画を修正するのが理想です。こう書くと当たり前のようですが「事前に約束した話と違う」と硬直的な態度をとってしまう組織だと、これが実に難しい。

　ときどき「問題はそちら側にある」「どんな交渉も変更も受け付けられない」など、水掛け論に終始してしまい解決どころではなくなってしまうこともあります。

　10の労力で今後どうするかを話し合い、合意できるはずなのに、その労力をどちらが負担するのかの折り合いがつかず、交渉するた

めに100の労力を消費してしまう。それどころか、次に予定している作業に着手できずに、スケジュールも空費していくばかり。

そんな非効率的な話が、しばしば発生します。こうした問題で作業を停滞させないために、発生している問題を素早く整理し、双方が受け入れ可能な次善の策を立案しなければなりません（表1-5）。

■ 表 1 - 5　当初の約束を果たせなくなったときの対処法

よくない	どちらに非があるかの議論に終始する
望ましい	代替手段を提案して計画を立て直す

③ わからないことをあいまいにして放置してしまう

プロジェクトの進行中に、不明点や不安なことが頭をよぎることは誰にでもあります。そんなときに「考えすぎかな」「きっと誰かが対応してくれる」と期待しても、高い確率でそれは裏切られるものです。

リスクを発見したらすぐさま核心に向き合って対策を立てないと、後々より大きな問題を招いてしまいます。それなのに面倒を避け、表面的に順調に見せることを優先する組織があります。

ことが進んだあとで、当初放置していた不明点や不安が致命的な問題につながってしまい、一気に問題が拡散してしまう。炎上し、火消しのために走り回る。

一人ひとりはみんな善良でまじめで一生懸命でも、組織的な行動をとる場合には、なぜかそうなってしまう。自分たちの炎上体質についてなんとかしたいと思っていても、同じ失敗を繰り返してしまう。

多くの場合「こんなことをいうとみんなの邪魔になるだろうか」といった遠慮がこうした組織文化を招き寄せています。リスクに対する

議論を面倒だと思わず、好機ととらえることが結果的には手間やコストの節約につながります（表1-6）。

■ 表 1 - 6 　難しい問題や不安が頭をよぎったときの対処法

よくない	深入りすることを避けて、問題から目をそらす
望ましい	問題の核心から逃げず、課題としてとらえて議論のテーブルにあげる

最後の砦を守ってくれている 守護神をおざなりにしてしまう

　不明点や不安なことをおざなりにするプロジェクトや組織は、責任を回避し互いに押しつけあう傾向があります。そのツケを誰かが守護神のように守ってくれているのに、誰も気づかないでいることもよくあります。

　最後の最後は誰かがなんとかしてくれるせいで放置の文化が改まらないのだともいえますが、いずれにしろ、放置の文化と守護神の存在は、セットになっていることが多いようです。

　守護神のはたらきに皆が感謝の念を忘れずに、よい形で仕事と感謝と報酬が循環しているのであれば、それはそれでひとつの組織のあり方です。しかし残念ながら、守護神のはたらきは暗黙知の世界であり、目に付きやすい派手な成果やプロセスではないため、隅に追いやられてしまうことが多いようです。

　それに甘えて守護神を粗末に扱っていると、いつかどこかで、手痛い教訓を思い知ることになるので要注意です。売上や利益に直接寄与しているようには見えない活動でも、最終的な成果物にどこかでつながっている作業はどれも等しく不可欠であり、敬意を欠くべきではありません（表1-7）。

■ 表1-7　プロジェクト運営における報酬や称賛の提供機会のとらえ方

よくない	派手でわかりやすい成果ばかりフォーカスされる
望ましい	地味な領域でも役割をまっとうしてくれる、縁の下の力持ちへの感謝と敬意を忘れない

⑤ エンドユーザにとって無意味な時間が大半を占めてしまう

　そもそも自分たちは、誰のためにどんな価値を生み出したいのかを忘れて、思考を停止して目の前の作業に没頭する。これが、プロジェクトをうまく進められない組織の究極の姿です。

　お金や契約の論理に振り回され、一番大切な価値や満たすべき要求を忘れてしまう。わからないことをあいまいにして、丸投げし、避けられたはずのトラブルをよび込んでしまう。停滞が問題を複雑にし、ますます価値から遠ざかってしまう。

　仮に1日あたり8時間、週に5日働くとした場合、ひとりあたり40時間の資源がありますが、このうちの大半が「必要な材料が揃わないので待っている」「本当に必要か首をかしげるような作業や相談に消費される」なんてことになってしまっては、そのプロジェクトは赤信号です。

　無為な時間のせいで、物事を前進させるような成果物をちっとも生み出せていないようでは、**その先に待つのはつくり手の論理に毒された、顧客不在、ユーザー不在の成果物**です。

　価値ある成果物を生み出すためには、あらゆる作業が「顧客やユーザーにとっての価値」と紐付いていることが不可欠なのです（表1-8）。

よくない	組織内の論理のための作業や相談に浪費される
望ましい	顧客やユーザーにとっての価値につながる、実質的な作業で充実している

その先に待っているのは「誰も幸せにしない成果物」

　正式なゴーサインがでたときにはすでにスケジュールが押してしまっていた。着手したあとで追加費用が発生してしまった。後出しジャンケンで計画変更をお願いし、拒絶される。こうした二度手間は停滞しかよばない悪徳であり、成果ではなく徒労感を生むだけです。

　本来得たい成果に直接結びつかない説明や報告、連絡、相談。それらに付随する検討や資料作成その他の雑務。こうしたものが俗に「プロジェクトマネジメント業務」とよばれることもありますが、それらが本当に必要なのかは、強く問われなければなりません。

　「どうして最初からわからなかったのか」「約束と違うじゃないか」「期待に応えてくれていないじゃないか」……そんな不満・不安を誘発するようなプロジェクト進行が、実に多い。不透明感と無力感が現代社会を覆い尽くしています。

　プロジェクトとは新たな価値を生み出そうとする一連の過程であり、その成果物の受け手からすると、つくり手がどんなふうに進行するかは、基本的には関係ありません。大事なのはその成果物が提供する機能であり、効果です。

　ですが、進行の要領が悪いプロジェクトによって生み出されたものは、たいていの場合つくり手の都合が優先されてしまい、受け手の期

待や要望が満たされないものになってしまうものです。

そんなうまくいかないプロジェクトの延長上に生まれるのは、「妥協の産物」です。受け手にとって本当に有益なものにはなりません。せっかく時間も費用も手間ひまもかけてつくり上げたものなのに、そんなことでは悲しすぎます。

どんな作業をするべきかがわからない。作業をするための材料が届かない。せっかくやった作業が成果に結びつかない。あらゆる工程にムリ、ムダ、ムラが満ちてしまう。これがうまくいかないプロジェクトの現場で起きている実態です。

以上、プロジェクトをうまく進めることの難しさを「うまくいかないときにたどる、いつも同じシナリオ」と「プロジェクトをうまく進められない組織の特徴」という2つの側面から見てきました。確かにそうだ、自分たちのプロジェクトにもあてはまる、と感じる方は多いのではないでしょうか。

そしていよいよここから、プロジェクトの前進を防げる根本原因に焦点を絞っていきます。

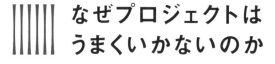

なぜプロジェクトは
うまくいかないのか

プロジェクトをよいものにするための論理は、ごく簡単なものです。

① あらゆるプロジェクトは、受け手の役に立つ機能や効果を発揮する成果物を生み出すために実行される

② 良い成果を生み出すためには、それにつながる意味のある作業

が必要である

③ 意味のある作業が実行されるためには、その局面で優先されるべき作業や課題についての共通認識が必要である

①と②は誰にとっても当たり前の話でしょう。問題は③です。「優先されるべき作業や課題についての共通認識」をどうやってつくるのか。いま自分たちはどんな課題に直面しているのか。どんなリスクを想定し、対処すべきか。一番優先して生み出されるべき「次の中間成果物」はなにか。これが簡単なようで、実に奥深い問題です。

新たなプロジェクトにおいて顧客価値やユーザーにとっての機能・性能が最優先されるべきなのは、誰が考えても当たり前の話です。

しかし当事者にとって未知なる状況では、どのアクションが価値につながり、どれがそうでないのか、人によって意見は異なりますし、**本当のところは誰にも正解がわかるわけではありません**。いってしまえば「あみだくじ」みたいなものです（図1-1）。

■ 図1-1　どのアクションが価値につながるか、渦中ではわかりにくい

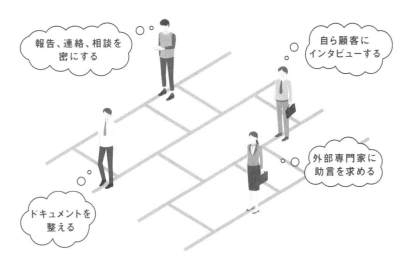

本章の冒頭でご紹介したようなプロジェクト管理手法が意思疎通を手助けしてくれることもありますが、うまくいくかどうかは用いる際の意識のもち方によります。

とくに、「失敗のないように管理したい」という目的でこれらを用いたときには、かえって妨げになってしまう恐れがあるので要注意です。どんなプロジェクト管理手法も、将来起きる想定外を事前に織り込むことは不可能だからです。

計画は、その本来の性質からして実に不完全なものです。そこに書かれた内容を不用意に信じ込み、必ず成功をもたらす約束手形と考えると、以下に挙げるような弊害を生み出します。

- 目の前の作業や近視眼的な課題にとらわれる
- 言語化されていない潜在的な問題への危険予知を忘れる
- 向き合うべき顧客やユーザーへの意識が弱まる
- 管理することが自己目的化してしまう
- 進行上の不安が生じても目をそらしたくなる
- 生み出すべき価値はなにかを問い続けるのが面倒になる
- 重要な意思決定の場でつくり手の論理を優先したくなる
- 意思決定の精度とスピードが損なわれる

想定外というプロジェクトの本質に対抗するために必要なのは、計画の盲信ではありません。必要なのは、人と人とが対話をし、状況認識を改めることです。そしてその先に「自分たちが本当に実現したい姿を再発見すること」です。

守るべきは近視眼的な利害や費用、スケジュールではないはずです。得られた結果を「計画通り＝成功」「計画と違う＝失敗」という単純な尺度でとらえることに、さほどの意味はありません。計画通りに

いかなかった現実から、学びという名の価値を得ることのほうが大切です。

　これはもちろん、単にうまくいかない現状を追認して甘んじるとか、計画を軽視せよということではありません。不完全だった当初の認識を更新し、よりよい計画を立てましょう、ということです。

　計画は大切です。大切ですが、絶対ではありません。自分たちはなんのために、誰のために、いまここにいるのか。いま目の前に見えているその作業は、その未来につながっているのか。

　一番大切なこのことだけを忘れなければ、どんな想定外があったとしても、再び立ち上がることはつねに可能です。そして、この一番大切な気づきをもたらしてくれるのは、これまでにつくってきた計画書ではなく、これからどうするかを考えるための対話なのです。

プロジェクトを駄目にしているのは "駄目な会議"

　最前線における重要な関係者同士の対話によってこそ、このもっとも大切な気づきは得られます。実は、対話の質を向上させることが、プロジェクトの成否を分けるのです。そして、プロジェクトにおける「会議」の場こそが「対話の質の向上」の絶好のチャンスなのですが、その自覚に欠ける"駄目な会議"が実に多い。

　すべての元凶は、プロジェクトを駄目にしている駄目な会議にあります。駄目な会議とは、問題を解決するためにせっかく時間をかけたのに、状況の改善につながる有効な結論が得られない会議のことです（図1-2）。

　どんな会議でも、有効な結論が得られなければ、その会議にかかっ

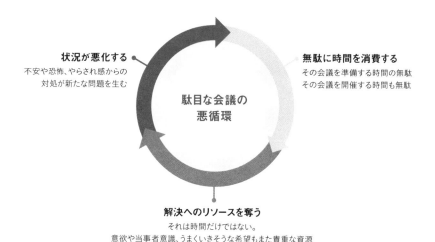

状況が悪化する
不安や恐怖、やらされ感からの
対処が新たな問題を生む

無駄に時間を消費する
その会議を準備する時間の無駄
その会議を開催する時間も無駄

駄目な会議の
悪循環

解決へのリソースを奪う
それは時間だけではない。
意欲や当事者意識、うまくいきそうな希望もまた貴重な資源

た時間や手間は無駄になります。それだけでなく、当事者意識や「う
まくいきそうだ」という希望も奪います。そんな状況で「さすがにこ
のままだとまずい」という悪い意味での危機感にかられて、不安と恐
怖から事態の改善を図っても、さしたる効果は得られません。

　結果として、状況は改善するどころかさらに悪化してしまい、そう
するとまた新たな会議が必要になり……という負の無限ループにはま
りこんでしまいます。こうして、決めたはずのことが実行されず、混
乱とストレスにさらされ続ける組織が誕生してしまう。

　いまここで自分はどんな作業をなすべきなのか。それはどんな目的
のためなのか。どこまでのものが求められているのか。これらが明快
で、**そうするための作業環境や前提条件が整っていれば、上質な成果
物はあっという間に完成する**ものです。

　もしいま現在携わっているプロジェクトで意味のある作業ができて
いない、意味のある成果物をつくれていないと感じたとしたら、そこ
に違和感を抱いたままで盲目的に、一生懸命頑張っていても「いつか

どこかで、なんとかなる」ことはありません。いますぐ、なにかを変えるべきなのです。

なにを変えるべきなのか？　意思疎通のありかたです。
どうすれば意思疎通が改善されるのか？　会議を変えるのです。

では、どんな会議を変えるべきなのか。
プロジェクトがうまくいっていないときの会議は大きくわけると4つに分類できます。タイプ別に具体的に紹介します。

（1）停滞会議

　プロジェクトがうまく進んでいないとき、一番発生確率が高いのが「停滞会議」です。「物事がうまく進んでいない」「停滞している」とい

う情報がその会議の出発点であり、どうすれば解消できるかが議題となります。

　本来は有効な解決策を導きたいところですが、停滞会議で獲得されるのは「一応は考えてみたけど、実際のところは実行することが難しい対策」となるのがよくある話です。

　そもそも、うまく進んでいないのにはそれなりの事情があって、簡単に改善策を思いつくようだったら、最初からそんな状況にはならないし、こんな会議を開く必要もないのです。

　会議を開く意味があったのか、なかったのか。そんなモヤモヤが残る会議。身に覚えがある人も多いのではないでしょうか。

⎯⎯ ② 魔女狩り会議

　「魔女狩り会議」は、もう少し切迫感のある状況で発生する会議で

す。魔女狩りなんて言葉を使うと、ちょっとおどろおどろしいですが、発生している問題の「犯人探し」をする会議のことです。

　問題を解決するための分析はもちろん必要ですが、残念なことにその場のムードや流れによって、特定の「人」と発生している問題が結びついてしまうことがあり、これが行き過ぎると前向きな対策を考えるどころではなくなってしまいます。

　人に問題を見出しても状況が解決することはほとんどありません。その人に行動を変えてもらう努力がたいていの場合、無駄な努力に終わりますし、その人を排除したとしてもその組織のまた別の人が犠牲になり……ということが繰り返されるのがお決まりのパターンです。

（3）言い訳会議

　「言い訳会議」とは、文字通り言い訳を共有する会議です。物事がう

まく進んでいないとき、人はどうしても言い訳を探してしまいがちなところがあります。自分は悪くない、努力もしたんだけどこれこれこんな事情があって、仕方なく……という話です。

そうしたとらえ方に必ず間違いがあるわけではありませんし、なんでもかんでも自責にすると、それはそれで息苦しい話になってしまいます。しかしときどき、言い訳に始まり、言い訳を許容し、チーム全体で現状を追認して終わってしまう会議が開催されることがあります。

そこで導かれる結論は、恐るべきことに「結果を出さなくてよい理由」という、プロジェクトを前進どころか後退させかねないものになる危険があります。

―――――（**4**）　お 気 持 ち 発 散 会 議

「お気持ち発散会議」とは、参加者が気持ちを発散することで終わってしまう会議です。リーダーや上席にある人物が現状を否定し、打破することを求めるとか、メンバーが集まって不平や愚痴大会を開くのが典型例です。

もちろんときにリーダーが士気を鼓舞したり、本音を吐き出したりして気持ちを解消するのはとても大事なことでもありますが、使い所を間違えるとその先にあるのは悲劇です。

なぜなら、気持ちだけでは状況は打開できないからです。改善する方策がないからみんなで知恵を出し合っているのであって、**会議の結論はあくまで具体的なアクションや方針に結びつくべき**です。

いいたいことをいって、スッキリして終わることができればまだしも、問題が多い状況だとかえって逆効果になることも多いのがこのタイプの会議の問題です。

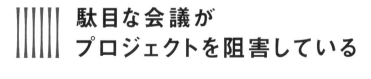

駄目な会議がプロジェクトを阻害している

世の中で行われている駄目な会議を4つの類型で示しました。あらためて表1-9に、これらの「出発点」「議論」「結論」の3つのポイントでその特徴を整理します。

これらは「準備」と「意気込み」という視点で整理することができます（図1-3）。準備とは、その話し合いを進めるための根拠になるような情報やロジック、今後とるべき選択肢はなにか、といった具体的な検討材料のことです。

意気込みとは「その会議を通して物事をしっかり改善させたい」「よいアイデアにたどり着きたい」「みんなで目線合わせができて一致団結

■ 表 1 - 9　駄目な会議の代表的な4タイプ

会　議	出　発　点	議　　論	結　　論
停滞会議	進捗がない	どうすれば挽回できるか	現実味の薄いアイデアで乗り越えよう
魔女狩り会議	問題がある	問題の原因となる悪者は誰か	悪者をこらしめよう
言い訳会議	結果が出ていない	なぜ結果が出ないのか	結果を出さなくていい理由を考えよう
お気持ち発散会議	話がある	どうすればよりがんばれるか	もっとがんばろう

したい」といった姿勢のことです。準備と意気込みが調和してこそ、話し合いはスムーズに進みます。しかしこの2つの要素は、足りないときと過剰なときがあって、よい湯加減で会議を開催するのはなかなか難しいものです。

■ 図 1 - 3　準備と意気込みのアンバランスが「駄目な会議」をよぶ

意気込み
が足りない

意気込み
が過剰

言い訳会議

お気持ち発散会議

準備
が足りない

停滞会議

魔女狩り会議

準備
が過剰

準備と意気込みの両方が足りないのが、言い訳会議。

準備がなくて意気込みばかりなのが、お気持ち発散会議。

準備はあるけど意気込みが足りないのが、停滞会議。

準備と意気込みの両方が過剰なのが、魔女狩り会議。

これまで出席した会議を思い返してみると、どれかに当てはまるものがあるのではないでしょうか。

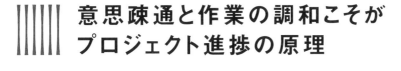

意思疎通と作業の調和こそが プロジェクト進捗の原理

図1-2に見たような「駄目な会議のスパイラル」は、筆者の体感上、全プロジェクトの98%ぐらいを占めていると感じています。一方で、**残りの2%のプロジェクトでは、まったく別のことが起きているの**です。

会議上手なプロジェクトです。

どんなプロジェクトにも想定外やトラブルはつきものですが、会議上手なプロジェクトの場合、そもそも招集される頻度が少なく、招集されても議論がコンパクトで、出席者の負担が最小限に抑えられています。課題に対してきちんと対応できる方策を見出すことができ、現実的に実行可能なのでToDoが放置されることもありません。

決めたことが実際の行動に結びつくので、成果につながりやすく「うまくいきそうだ」「このまま進むときっとよい結果が待っている」というムードがチームに生まれます。

よい会議は、駄目な会議の悪循環を逆回転させた形になります（図1-4）。

実際のところこうした好循環に恵まれると、そのプロジェクトに携わること自体が面白くまた楽しくなります。想定外のマイナス要因が発生しても対処がしやすく、いいことずくめの展開が待っています。

■ 図 1 - 4　よい会議は好循環が続いていく

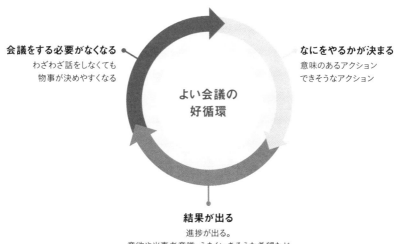

会議をする必要がなくなる
わざわざ話をしなくても
物事が決めやすくなる

なにをやるかが決まる
意味のあるアクション
できそうなアクション

**よい会議の
好循環**

結果が出る
進捗が出る。
意欲や当事者意識、うまくいきそうな希望など

　対策が功を奏し、想定外のトラブルは最小限で済む。そうすると会議の回数が減って、作業に時間をあてることができる。会議の時間が最小限で済むおかげで、議論を深めることができ、さらに時間を有効に活かすことができる……という好循環に恵まれたプロジェクトが、世の中には実在します。

　どうすればそんなことができるのか。**実は「キックオフ会議を開催した時点で勝負はついている」**といっても過言ではありません。

　キックオフ会議が駄目なプロジェクトは、「よくて70点」の世界。時には炎上や喧嘩別れで0点、なんにもやらないほうがよかった、なんてことすらもある世界。

　一方で、キックオフ会議に始まる各種の会議が優れたプロジェクト

は、100点とれてあたりまえ、それどころか120点、200点、1000点すらも目指せる世界。

　まさに天国と地獄とでもいうべき別世界が広がっているのです。プロジェクトや会議で、現実にいま苦労したり苦しんでいたりする人からすると、にわかには信じがたいかもしれませんが、単純に先ほど示した駄目な会議の悪循環とよい会議の好循環を比較してみてください。理屈はごくごくシンプルなのです。

　では具体的に、よいプロジェクトの会議とはどういうものなのか。それを開催するためにはどうすればよいか。その秘密を、次章から展開する本書全体を通して解き明かしていきます。

会議の三大悪とは

　意味のある結論が出ない会議は、非常に恐ろしいものです。それは「終わらない」「蒸し返す」「忘れてしまう」という三大悪をよび起こしてしまいます（図1-5）。

■ 図 1 - 5　会 議 の 三 大 悪

終わらない	**蒸し返す**	**忘れてしまう**
またどうせ延長戦になるんだろうなぁ……という会議は、出る前から憂鬱になります	決めたはずのことが、もう一度覆ると、決めるモチベーションも下がってしまいます	反省しても同じ過ちを繰り返してしまうのはよくありますが、本当によくないことです

　「終わらない」会議が三大悪の筆頭でしょう。延長しがちな会議は、主催者や出席者の顔ぶれを思い浮かべると、自動的にその予感がしてしまいますし、悲しいことに、その予感はあたってしまうことがほとんどだったりもします。

　「蒸し返す」のも、人を疲れさせる悪行です。一度決めたはずのことが、納得いかない理由や事情で覆ってしまうようだと、決めたいというモチベーションも下がってしまいますし、一事が万事でピリッとしない、ズルズルとした緩い風土を招いてしまいます。

　そして、忘れてはならないのが、人は「忘れてしまう」生き物だということです。人間誰でも、間違いがあったら、それを正そうと一度は考えるものですし、しばらくはそれを守ろうともするのですが、つい「喉元過ぎれば熱さを忘れる」の言葉どおり、いつかどこかでそれを忘れてしまうのです。

筆者は大学の卒業後、ものづくりの職人的な手作業をITによって自動化するベンチャー企業への新卒入社からキャリアを始めて、2回の転職を経験しました。2社目は新規事業開発、3社目はIT開発の仕事に携わりました。流行の最新理論を駆使し、ビジネスエリートとしてマッチョに仕事を取り仕切るのがあるべきマネージャの姿だ、なんて考えていた時代もありました。

　令和元年にプロジェクト進行支援家として独立し、プロジェクトと名のつく仕事にオールジャンルで取り組むようになってから、随分と考えが変わりました。それは、**面倒な会議をいくら我慢して頑張ったからといって成果があがるわけでもない**、ということです。

　会社員としての生活をするなかで、ともするとこの単純なことを忘れてしまいます。上司のために、あるいはお客さんのために、面倒なことや嫌なことを我慢するから、その対価として給与が発生するのだと、努力の方向を間違えてしまいます。

　「面倒な会議」が「収入を得るためにする我慢の象徴」なのだとしたら、それはとてももったいない話ではないでしょうか。会議の本来の目的は、よりよい手段を見つけ出し、より簡単に、より素早く、より高い成果を生み出す方法を見つけることです。そのための会議であれば、知的好奇心や達成感を刺激してくれて、嫌なものであるはずはないのです。

　なぜ会議が「嫌なもの」の象徴になってしまうのか。成果や価値へのつながりが感じられない会議の体験が多いからではないでしょうか。

　とはいえ実は、有効な結論にたどり着くよい会議も、多くの人が体験したことがあるはずなのです。ただ、悪印象の方が強く残ってしまっているだけ、という人も多いものです。

　会議が嫌いだ、会議は嫌なものだ、という単純なイメージがあるかもしれませんが、少し立ち止まって「どんな会議は嫌なのか」「逆に、出席してよかった会議はなかったか」を思い返してください。きっとなにかのヒントが見つかると思います。

第 2 章

プロジェクト会議に臨む
前に知っておきたいこと

演出の基本は「意外性」であり、それを操るには「戦術的な演出」と
「戦略的な演出」の二つをもたなければならない。

押井守（映画監督）　　　　　　　『これが僕の回答である。』（インフォバーン）より

新しい取り組みのなかで陥ってしまいがちな停滞・失敗パターンの分析から、その原因が意思疎通の不全にあることを、そして改善の急所が会議にあることを見てきました。

無駄な会議によって無駄な作業をよび込む負の循環に陥ってしまうのか。はたまた、その局面でなすべきことがはっきりとして、ものごとが前進するのか。会議の良し悪しがプロジェクトの結果を大きく左右する分岐点となります。

それはウォーターフォールかアジャイルか、といった推進手法を選ぶ以前の組織体質の問題です。
ただし、ここでいう会議の良し悪しとは一つひとつの会議の運営を指しているわけではありません。プロジェクト進行の全体像をとらえ、意思疎通の根本的なあり方を整えることが、会議上手なプロジェクトを運営するためには大切です。

本章では、プロジェクトにおける会議という場が、そもそもなんのためにあるのか、またどんなものであるべきかについて解説します。

プロジェクトチームとは、異なる立場、利害、価値観の集合体

毎日繰り返す安定したルーティンワークの世界では、自分が作業を行うための材料や情報はなかば自動的に運び込まれ、いつもどおりの加工や編集を行って次の人に渡す流れが確立しています。それゆえ、いまなにが起きていてどの工程に問題が発生しているかという全体的な状況も把握しやすいものです。

一方のプロジェクトの世界では、いつどんな作業や成果物が必要になるかを事前に予測するのが難しく、取り組みがいまどんな状態にあるのか、俯瞰的にとらえて全体を把握することが困難です。

会議という場にそのプロジェクトで起きているすべての情報が集約できればよいのですが、短い時間のなかでの意思疎通には限界があります。

個人の目線と全体の目線は交わらない

前例のないプロジェクトやその会議における根本的な問題は、**個人の目線と全体の目線が絶対に交わらない**ことです。プロジェクトにかかわるメンバーはいうまでもなく、一人ひとりの人間です。チームが全体としてどんな目的をもち、どんな方向に進もうとしているかについて、最低限の関心は払うかもしれませんが、根本的には自分の利害や達成感にかかわりがなければ、興味すら向けないものです。

駄目な会議運営を続けていると、どのような組織も図2-1に示す構図を形成します。そのプロジェクトが置かれた全体的な状況について考える人と、各自の意見が正しいと思って四分五裂するメンバー。例

参加者個人の目線
- 自分の利害優先
- あまり深く考えたくない
- そもそも会議に出たくない

チーム全体の目線
- 全体最適優先
- 利害調整は必須

外はありません。

　こういう表現をすると、反論したくなる人もいるかもしれません。「リーダーやトップがしっかりとビジョンを表現し、共有していたら、誤解やすれ違いは発生しない」。

「自分たちは、"一人はみんなのために、みんなは一人のために"の精神で、チームみんなのために行動することを心がけている」。

　そんな意見もあるかと思います。しかし残念ながら、プロジェクトにおいてこうした考えは単なる幻想でしかありません。むしろそうした願望を盲信することは、同床異夢を助長してしまう恐れすらあります。

　昨日まではここを目指していたけど、今日入ってきた新しい情報によって、明日実現すべきものが根本から変わってしまった。そんなふうに、これまでの基本方針が急に通用しなくなると、チームの意識の結束がふとゆるみます。

立場が違うとゴールが違う

　断片的な情報によって全体像を類推するとき、人は必ず過去の経験や知識をもとに思考します。そのとき無意識のうちに、自分にとって都合のいい願望による補完をします。状況が複雑であればあるほど、その度合いは増します。

　各人の見解は個人ごとの立場、利害、価値観によって導き出されます。それらは黙っていてもまとまることはなく、放っておくとあっという間に、てんでバラバラの方向に向かってしまいます。

　利益を出すことかもしれないし、スケジュールを守ることかもしれない。単に実績ができればよいのか、あるいは社会一般の話題になりたいのか。なにをもって目的達成とするかは、その関係者が拠って立つ立場によって異なります（図2-2）。

■ 図 2 - 2　立場が違うとゴールが違う

みんなが共通の目標のもと統制がとれた活動ができるのは、計画がそのとおりに進行している間だけなのです。なんらかの予定外の要素が発生してしまい、当初の計画がそのとおりには実行できなくなってしまった局面が訪れたとき、そもそも一体なにをどうすることが「全体のため」になるのかは、原理的に誰にも確定できません。

単純に、たった一つの絶対に変わらない目的・目標のために作戦を遂行している小部隊であれば別ですが、今日の社会でそんなプロジェクトはどれくらいあるでしょうか。

プロジェクトには情報の不完全性という魔物がすんでいます。そして、「私たちは一致団結しているワンチームだ」という幻想に囚われているうちは、つねにその魔物に惑わされることになります。

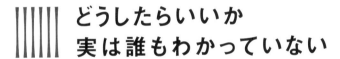

どうしたらいいか
実は誰もわかっていない

筆者のこれまでのキャリアのなかで、比較的経験が多い「企業と業務システム」という例で、同床異夢の様子を紹介します。特殊なひとつの事例に見えるかもしれませんが、「企画者」「意思決定者」「作業者」という視点に立つと、どんなプロジェクトにも共通する普遍的な構造が見えてきます。

企画者は意気揚々

業務システムといえば、使ったことのある人の多くが「使いにくい」と感じた経験があると思います。営業活動や経理、あるいは生産管理

など、企業における業務の規模が大きい場合、必ず業務システムが活用されます。業務システムには耐用年数があり、当該期間を経過すると次のシステムへの引っ越しをしなければなりません。

　古い業務システムを新しいものに入れ替えるとき、過去の失敗や教訓をもとに「よし、ここはひとつ次こそ明るい未来を実現しよう」と決意し新たなプロジェクトが生まれます。システム入れ替えに向けての検討をするようにと経営陣から現場に指示が発せられ、特命プロジェクトが組まれます。

　こうしたプロジェクトではたいてい、現場のことがよくわかっていてモチベーションも高いエース人材が投入されます。「よいシステム切り替えができるように頑張ってくれ」と権限が与えられ、エールをその背に受けて責務に取り組むことになります。

　現状調査や問題分析、他社事例の確認などを経て、活用できる予算を最大限に活かすべく、さまざまな開発ベンダーやパッケージ製品を探してみたりもすることでしょう。現場の声を集めて要望をまとめ、こんなシステムがあればこんな効果が生まれるはずだ、と未来予想図を描きます。

　実際に開発ベンダーに連絡をとって詳しい話を聞きとり、計画を練り上げます。

───　意思決定者は疑心暗鬼

　新たな業務システムを導入し、業務改善し経営効率を高めて生産性を向上させ、従業員満足度を高めたい。そういうふうに考えない経営者に、私は一度も会ったことがありません。

　ほとんどの経営者はいつだってそのように考えていて、よい業務システムが手に入るなら予算も惜しみたくないと、本音では思っている

のです。

　その思いがかなって、企画を進めた担当者の提案に「待ってました」とばかりに諸手を挙げて承認のハンコを押すことができれば、話は一件落着するのですが、そんな幸福な例は少ないものです。

　具体的な話を聞いてみると「セキュリティは大丈夫なのか」「本当に業務効率は上がるのか」「なんだか発想が小さくまとまっていないか」「我が社の成長戦略を正しく理解したうえで立案できているのか」と、疑問符に連なる疑問符があらわれる。

　投資をして本当に効果を得られるのか、信じ切ることができずに決裁をためらってしまう。そんな姿をよく見かけます。出発点において、企画者も経営者もなんの齟齬もなかったはずなのに、**具体的な企画や計画を前にすると議論がうまく噛み合わず、互いに手を出しあぐねてしまう。**

　ここで企画が却下されてお蔵入りになるか、妥協してゴーサインが出るのか。どうしてもシステム切り替えをしないといけない理由と、時期的なデッドラインがある場合は、ゴーサインがかかります。そうでなければ、あれやこれやと「やらない理由」を探し出して、机上の議論を重ねることになります。

作業者は五里霧中

　正式なゴーサインが出た場合には、いよいよ契約を交わして、プロジェクトの旗揚げです。目的、目標、工程などの必要な情報を資料にまとめ「大変ですがともに頑張りましょう」と握手して、いざ出陣となります。しかし、そこから先が苦難に次ぐ苦難が待ち受け、ゴールを迎えるまでにありとあらゆる紆余曲折をたどります。

　開発ベンダーが経験する紆余曲折の本質は、**「顧客が"本当に"やり**

たいことがわからない」という一点につきます。そんなはずはない、発注側はやりたいことをしっかり整理して、開発者に伝えている、と思うかもしれません。しかしほとんどの場合、つくり手が発注側の意図していることを本当の意味で理解でき、作業にあたれていることはめったにありません。

　理想的なシステムをつくり上げるためには、つくり手は依頼する立場の事情について、深く理解する必要があります。同時に、依頼する側はその技術的な長所短所について深く理解する必要があります。

　しかし残念ながら、本当に十分なレベルで理解しようとすると膨大な時間と手間がかかります。一方で、あまり悠長なことをしていると、外部環境はあっという間に変化してしまうので、スピード感も求められます。

　そのはざまにあって、過去の事例やテンプレートを下敷きにして、テンプレートを頼りにプロジェクトを進めるのが通例です。テンプレート自体にはもちろん効用もあります。オーソドックスな標準形をもとに、その場の事情にあわせて微調整する進め方はゼロベースのそれよりも手間を省いてくれます。

　しかし、テンプレート頼りのプロジェクト進行では、あるとき急に失速してしまう日がやってきます。具体的な中間成果物が目の前にあらわれた瞬間、「あれっ、これは一体、どうしたことだ」という疑問が湧いてしまいます。

企画者、意思決定者、作業者の同床異夢

　欲しい物を表現し、依頼し、つくってもらっていたはずなのに、いざ目の前に提出されたものは、当初期待していたのと全然違う。ここから始まるのは、リカバリーの戦いです。ボタンのかけ違いをどこま

で素早くさかのぼれるか。今後の方針をいかに迅速に立てられるか。大事なのは、納期か、品質か、はたまた費用なのか。

　意思決定者の希望と企画者の思いが食い違う。そこに作業者の意見が複雑にからみ合ってきます。どれを優先すべきなのか。それとも、すべてを満たせるような創造的なアイデアを生み出さないと、これ以上前には進むことはできないのか。立場の違いが混乱をもたらします。伝言ゲームのタイムラグが焦りを助長します。

　こうしたことは、どんなにスキルが高く実績が豊かな作業担当者が携わっていたとしても、必ず発生します。ベテランになると最終的な妥協点をみつける手腕や引き出しは増えますが、それでもやっぱり60点のものをなんとか70点に引き上げるのが限界で、100点満点のものづくりをしたくても「時すでに遅し」ということがほとんどです。

　企画者、意思決定者、作業者のそれぞれの思いや利害や状況を、まんべんなく理解する天才的なプロジェクトマネージャやエンジニアが、完璧に近いものをつくり上げることも時々あります。しかし多くの場合は残念ながら、現実的な制約条件に阻まれ、それが叶えられることはありません。

 # チーム全体と個人個人の調和をはかるプロジェクト会議

　以上、原理的な考察と具体例を通して、プロジェクトで俯瞰的にものごとをとらえるのが難しい実態を見てきました。人間に与えられた時間は有限であり、人間が用いる言語は不完全です。まだ見たことのない価値を、人と人とが協力しあってつくり上げることは、そう簡単な話ではありません。

その実態がはっきりと見えてこそ、本書のテーマである「会議」が、輝かしく立ち上がってくるのです。なぜ人と人が、わざわざ一緒に集まって話をするのか。それは、なにがうまくいっていないのかを明らかにするためです。そしてどうすれば、**うまくいっていないことがうまくいくようになるのか**を考え出すためです。

　チーム全体と個人個人が調和を取り戻すため、といい換えてもよいでしょう。個人の範囲を超えた問題、ひとりでジタバタしても解決しない問題は、それに関係する利害関係者が集まって解決するしかありません。

　これまで描いた計画や理想が未知なる現実に直面し、成立しなくなってしまった瞬間、「ワンチーム」という幻想はもろくも崩れ去ってしまいます。そんな場で、精神論として一致団結を説いても仕方がありません。

　個々の利害を超えて共通の目的に立ち返り「この選択が最善だね」と互いに手と手をとりあえる新たな地平に立つためには、各個人の視点を全体の視点に引き上げることがもっとも重要です。意思決定に関与するすべての利害関係者が、「おれがおれが」でなく「私たちは」を主語にして、状況をとらえなおすことが必要です。

　言葉でいうと当たり前のようですが、この当たり前が実に困難なのです。そしてこの困難を乗り越える最大の機会が「会議」という場です。その貴重なチャンスを無為にしてしまうプロジェクトのなんと多いことでしょうか。

　以後、本書では「プロジェクト会議」という言葉を用いて、プロジェクトにおいていかに理想的な意思疎通を実現するかを考えていきます。そして、プロジェクト会議を以下の形で定義します。

うまくいっていない状況を打開し、不安を解消するために、その当事者同士が時間をともにして対話し、解決のための方法や方針を発見、合意すること。

この定義を手にしたとき、いよいよ『“プロジェクト会議”成功の技法』の幕が上がります。

「形式会議」と「メタ会議」

プロジェクトにおける会議といえば、多くの人が「キックオフ会議」や「定例会議」を連想するのではないでしょうか。もちろんその通りで、このふたつはプロジェクトを代表する二大会議といっていいでしょう（図2-3）。

■ 図2-3　プロジェクトにおける二大会議

キックオフ会議

定例会議

形式会議の全体像

これら以外にも、世のプロジェクトにはさまざまな会議があります

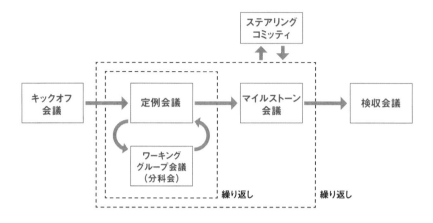

（図2-4）。まず、定例会議とこれを補完する会議について考えてみます。定例会議は、多くの場合は週に1回とか、隔週ぐらいの頻度で開催します。実務担当者同士が集まって最新状況を確認したり、とるべきアクションを相談したりする場であり、たいてい60分程度、長い場合でも90分から120分程度の打ち合わせを行います。

　大きなプロジェクトで複雑な問題が発生すると、定例会議の時間だけでは物事を解決しきれない場合があります。そこで追加されるのが、個別のサブトピックについての「分科会」とよばれる会議です。横文字だと「ワーキンググループ会議」ともよばれます。

　こうして、定例会議と分科会がセットになったものが一定間隔で開催され、それが数ヶ月程度の時間を経過すると、そのプロジェクトにおける一里塚にたどりつくことになります。

　よく「マイルストーン」などともよばれますが、全体の進行のなかで、とくに大事な中間成果物が完成したり、工程やフェーズがひと区切りするような時点で一度立ち止まって総括し、次に進んでよいかどうかの判定を行う会議を開催します。これが「マイルストーン会議」

です。

　ある程度の規模を超えるプロジェクトでは、何回かのマイルストーン会議を経て大きな局面が前に進んでいきます。

　その途中で、とくに重要な意思決定や方向性の舵取りをするための場を別途設けることがあります。これが「ステアリングコミッティ」とよばれる会議です。通常こうした場は最前線で作業をしているメンバーは出席対象者ではなく、スポンサーやプロジェクトオーナー、外部有識者が集まっていて、そこに対してプロジェクトの責任者であるプロジェクトマネージャが矢面に立って審問を受ける、といった構図になります。

　数々の会議をくぐり抜けて成果物が完成し、テストや検証を行って、事前に期待を満たすと判定されたら、ようやく晴れて最後の会議である「検収会議」にたどりつきます。

　検収会議ではそのプロジェクトの目的が達せられたことを示すドキュメントの一式が確認され、契約で定められた業務が履行されたことを正式に認めます。

　実務的にはプロジェクトの終了時に略式で開催されたり、ときには省略されたりすることもありますが、形式上はこうした場を通過して一件落着となります。

　以上がプロジェクトにおける形式的な会議の全体的な構成です。名称や頻度は多少違っていても、おおむねこのような体系となっています。本書では、こうした会議を**形式会議**とよびます。

─── メタ会議の全体像

　一方、プロジェクトにおける意思疎通の場として形式会議を成立させるためには、非公式の場で形式会議をどのように進めるかを考える

必要があります。こうした話し合いの場を、本書では**メタ会議**と名付けます。形式会議の間にある雑談やちょっとした電話での確認なども含めた関係者同士のコミュニケーションです（図2-5）。

■ 図 2 - 5 　 形 式 会 議 を 補 完 す る メ タ 会 議

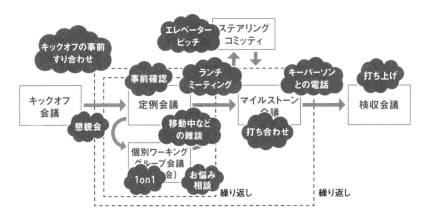

　たとえば、キックオフ会議を正式に開催するためには、その日時を決めたり、出席者として誰がふさわしいかを確認したり、どんな話し合いをしたいか、そのためにどんな準備が必要かといったことを事前に話し合う必要があります。

　ときどき、そういうプロセスを飛ばしてしまって「とりあえず顔合わせ」なんてことをすることもありますが、それにしても「とりあえずの顔合わせでいいですよね」と、どこかでは確認します。

　定例会議にしても、その会議本番の時間だけではなく、定例会議の前に資料を準備して内容に問題ないかを事前に読み合わせることがあります。これもまたひとつの会議であるには違いありません。また、上司と部下で定期的に面談を行う1on1の場でプロジェクトのことが話題にあがったら、それもやっぱりプロジェクト会議の一環です。

　ランチミーティングや非公式的な懇親会で交わす会話も、プロジェ

クトにとっては非常に貴重な情報源であり、ときには意思決定の場でもあります。

昔は「大事なことは会議室でなく、喫煙ルームで決まる」ともいわれていました。最近は姿を変えて「エレベーターピッチ」にその場を移行していますが、機能は同じです。

つまり、非公式の場だからこそわかりやすい表現で、いま一番伝えたいこと、大事なポイントを手短に表現し、相手の反応を確認することができるのです。

 # 形式会議とメタ会議の メリット・デメリット

形式会議とメタ会議はそれぞれ異なる性質があり、それぞれメリット・デメリットがあります（表2-1）。

形式会議の最大のメリットは、それが「公式」のものだということです。公式的な場にみんなで集まり、相談し、合意した内容だからこそ、一定程度の強制力をもってその後の進行に影響力を与えることができます。そのような「錦の御旗」なくしては交渉力をもちにくく、通すに通せない案件も多々あります。

一方のデメリットは、公の場にふさわしい礼儀や建前、体面を守り

■ 表2-1　形式会議とメタ会議のメリット・デメリット

会議形式	メリット	デメリット
形式会議	決定事項を「錦の御旗」にできる	進行が難しい（顔を立てつつ利害調整）
メタ会議	手軽に開催、本音を引き出せる	いった、いわないの誤解を招きやすい

つつも本音にある利害を満たすことの難しさです。つまり、公式の場では実務的な面だけではなくて、メンツという形式的価値もまた尊ばれます。そこでは本音は出にくく、建前上の発言と姿勢を崩すことができない面があります。

結果として、論理的には正しいことを述べているはずなのに、なぜか合意に至れないことが発生します。本来、プロジェクトにおける会議の役割とは利害調整が本来の目的であるはずなのですが、形式会議はその本質として利害調整には向いていない場なのです。

もう少し正確に表現すると、**形式会議とは「利害調整結果の確認と周知」のための場**であり、どのような形で利害に折り合いをつけるかの議論の全部をカバーするための場ではありません。

後者の要素を含んでもよいですが、なんの事前相談もなくいきなり形式会議の場で決着をつけようとすると、そもそも決めたいことが決められなかったり、決めたはずのことが履行されなかったり、さまざまな困難をよび寄せることになります。

互いを補い合う
形式会議とメタ会議

そんな形式会議のデメリットを補うためにあるのが、メタ会議です。非公式の場だけに、フットワーク軽く開催できます（「ちょっといいですか」、と話しかければ始められます）し、表立って大きな声ではいいづらいことでも話し合いやすく「では落とし所はこんなところで」という合意をとり付けやすいのが、大きなメリットです。

もちろん、いいことずくめではありません。非公式の場で出た結論は錦の御旗にはなりませんし、あんまり頻繁に開催したり、そちらで全部が決まったりするようなムードが生じてしまうと、「密室」とか「意思決定が不透明」なんてことになって、また別の阻害要因が発生し

てしまいます。

このように、形式会議とメタ会議はその本来の性質上、互いのメリットとデメリットを補い合っています。

国同士の外交でも同じです。当該交渉案件にたいして、まずは担当者レベルの非公式な交渉から始めて、次官級、副大臣同士の折衝、と徐々に段階を上げていきます。首相や大臣同士が対面するのは大筋の合意シナリオが見通せた段階であり、最終確認と調印が本番のメインイベントとなります。

非効率に見えるかもしれませんが、動かす利害や影響範囲が大きい場合に、いきなり公式の場を設定して不用意に仲違いや決裂を招くわけにはいきません。そんなリスクを回避するための実践的な方法なのです。

 # 最低限の時間と手間で
意思疎通を整える

プロジェクトを進行するなかで「決めるべきことが決めきれない」「決めたはずなのにそのとおりにならない」「問題が発生、拡散してしまい炎上する」などの停滞が発生する背景には、**「形式会議の不調」**と**「メタ会議の暴走」**が起きています。

問題がさまざまな場所で発生して、頻発する想定外の事象に右往左往して、形式会議の場が機能しなくなった状態。そこでは関係者の一人ひとりが個人個人の立場と利害を前提に、ある種の無法状態で走り回ります。

全員がそれを鎮火させたいと思っているのに、大局を俯瞰することができないために、局所最適的な行動しかとることができず、事態の

収拾をはかることができないのです。

　「プロジェクトがうまくいっていない」とは、状況を前進させるために作業に費やす時間よりも、作業を行う前提条件を整えたり相談したりする会議の時間のほうが長くなってしまっている状態だ、と第1章では書きました。

　大事なのは、形式会議を上手に運営することだけではありません。メタ会議が最小限で済む状態をつくる必要があるのです。メタ会議が過剰で関係者のストレスとなっているプロジェクトは、間違いなく黄色信号です。

——— プロジェクトの生産性を上げる方法

　プロジェクトにおける生産性は、概念的には単純な分数で指標化することができます（図2-6）。分子は成果物の顧客価値に直接寄与する作業の質と量。分母はその作業を実施する意思決定のために要した検討時間やコミュニケーションの総量です。

　分母が小さければ小さいほど、そして分子が大きければ大きいほど、そのプロジェクトの生産性が高い状態といえます。

▪ 図2-6　プロジェクトの生産性

プロジェクトの生産性 ＝ 作業の質と量 / コミュニケーションの総量

「当たり前」をきちんと実現する
不具合やミスが出ないための工夫
「嬉しい」のために気を利かせる

会議の内容を考える時間
会議の時間を調整する手間
気を遣う心理的負担

では、どうすればよいか。メタ会議が少なくなるような差配を誰かがしないといけないわけですが、そもそもメタ会議なしにプロジェクトは立ち上がりもしませんし、軌道にも乗りません。いきなり形式会議だけで意思疎通を図ろうとしても、効率が悪くて仕方がないのです。

　よって、プロジェクト会議のファシリテーションに長けた人は、必ず以下に述べる手順をとります。

　まず、プロジェクトの序盤ではメタ会議を縦横無尽に繰り出して、いきなり形式ばったコミュニケーションに落とし込むのを避け、実質的な意思疎通を優先します。

　次に、そのなかで定例会議のアジェンダを整えていき、想定外や問題が発生した場合に、かかわる人達がその問題をどの形式会議にもち寄ればよいか、という仕分けのイメージを形づくっていくのです。

　そうすると、相談事項が形式会議の場で解決されるプロジェクトの呼吸が生まれてくるため、関係者はいちいちメタ会議を自主的に開催しなくても、最小限の時間で十分に意思疎通できるプロジェクトチームに育っていきます。

意思疎通を整える「意識的なプロジェクト会議の演出家」

　プロジェクトの形式会議とは、即興でやる舞台演劇のようなものです。おおまかなプロットとなんとはなしの配役がありますが、どんな舞台にしたいかについての「共有ビジョン」がないと自分の行動に自信がもてませんし、発言に力も出ません。

　いきなり形式会議ですべてを済まそうとするのは、穴だらけの台本を渡していきなり本番をやらせようとするようなもので、それではう

まくはいきません。プロジェクトチームという「劇団」にはプロジェクトオーナーという名の座長やメンバーという名の団員がいますが、**プロジェクト会議という「公演」にはその魅力を引き出す「演出家」の存在が不可欠**なのです。

　プロジェクト会議の演出家は、主演、助演、大道具、小道具、照明といった担当を割り振るだけではだめです。意識的に団員みんなの関係性を構築し、どんな行動が喜ばれ、どんな行動を慎むと全体のパフォーマンスが出るのか、そうした方向づけをすることが、プロジェクトにおける意思疎通と作業に最良のバランスをもたらすことにつながります。

　そんなふうにプロジェクトにかかわる利害関係者の全員に自らの役割を認識させ、適した行動に導くような奇特な人が本当に世の中に実在するのか、と思うかもしれません。筆者の経験上、100人に対して1人か2人ぐらいの比率でこうした人に出会ってきました。

　職種上のプロジェクトマネージャや組織上の役員、マネージャなどのいわゆるポジションとはあまり関係ありません。営業職でも、企画職でも、システムエンジニアでも、はたまたデザイナーでも、誰でもよいのです。あるプロジェクトが発足したときに、表立って主役を張るようなことをするわけでなく、ただ単純に人と人同士の考えをうまく交わらせて、少しでも前向きな結果が出るような作業の時間を増やし、不毛な調整、相談の時間を減らそうとする。そんな人がいるプロジェクトは幸いです。

　彼／彼女らとて、別に会議が好きなわけではありません。この世に、会議が好きで好きで仕方がないなんていう人は、ほとんどいないのです。

　しかし、それが社会的な活動であり、個人の考えだけでなんでもかんでも好きにはまわせないわけで、会議は必要悪としては存在します。その存在を否定したところで、なにも始まらないのです。

意識的なプロジェクト会議の
演出家の心がまえ

　意識的なプロジェクト会議の演出家は、こう考えます。「会議は確か
に面倒だけど、その面倒な会議のおかげでプロジェクトの生産性が最
大化されるのだ」と。

　そこで彼らが心がけているのは**「誤解」と「不安」を最小化すること**
です。

　人と人とのコミュニケーションで、誤解と不安ほど怖いものはあり
ません。もしそれが、形式会議でいきなり表面化して、問題として噴
出したら、それをケアするために何倍ものメタ会議が動員されること
になってしまいます。それが、目に見えないところで、徐々に徐々
に、プロジェクトチームの基礎体力を奪っていくのです。

　逆にいえば、先ほど図2-6で示した分母を減らすためにもっとも有
効なのが「誤解」と「不安」の退治である、というわけです。

　この世には、ぜひやるべき会議と、別にやらなくてもいい会議が
あります。やらなくていい会議は、やらずに済ませるのがベストで
す。

　こう書いてしまうと当たり前に見えるかもしれませんが、一体私た
ちはどれほどのやらなくていい会議に囲まれているのか、胸に手を当
てて考えてみると恐ろしい気持ちになります。停滞会議に魔女狩り会
議。言い訳会議に、お気持ち発散会議。有効な「次どうするか」にた
どり着かない会議。

　ちょっとした心がけといくつかのコツさえつかめば、そうした会議
は一掃できます。すると、プロジェクトの生産性は倍増します。ほん
の小さな気配りが、結果を分けます。

　やるべき会議は、最小限の労力と時間で開催する。やらなくてもい

い会議は、やらずに済むようにする。そんな基本的なリズムと呼吸が成立していたら、無用のトラブルを予防できますし、たとえトラブルが起きてしまったとしても、早期に鎮火できるものです。

優れた会議の出席者は
関係者を前向きにさせる

　ここまでの話を簡単にまとめます。

　まず話の前提として、さまざまなプロセスがすでに確立されたルーティンワークという日常と違って、プロジェクトという非日常的な場においては、根本的に、大局を見渡すこと自体が不可能です。共通の目標・目的に向かっていると思っていても、ふとした想定外によって突然、ある種の混乱、無法状態が生まれてしまいます。

　それまで拠って立ってきた共通認識が失われた瞬間、必ず各個人の利害と全体の利害はすれ違います。

　各関係者の立場や価値観によって、次に向かうべき状態をそれぞれが主観的に考える。しかしそれが、実際に的を射た考えなのか、あるいは独り善がりの願望なのか。実際に話し合うことで初めてそれは見えてきます。そのためにこそ、会議があります。

　一口に会議といっても、形式会議とメタ会議に大きく分かれていて、それらもまた細かく分類していくと、さまざまなバリエーションがあります。本来は形式会議のなかでコミュニケーションが達成できればいいのですが、その本質的な性格上、メタ会議の補助が不可欠です。

　プロジェクトのなかで、意味のある作業にかけられる時間を増やすためには、形式会議とメタ会議をちょうどよい塩梅で開催することが

必要であり、それを実現してくれるのが、「意識的なプロジェクト会議の演出家」です。

　腕のいい演出家の手によるよい塩梅の会議に参加した人は幸せです。なぜならその人は、**プロジェクトのなかで自らが果たすべき役割がどういったものかを認識できる**からです。認識だけでなく、納得もできます。

　自分はそのためにここにいるんだと、前向きな確信をもつこともできます。そうなれた人は、過不足のない認識材料をもとに行動できるようになります。

　プロジェクトの立ち上げ段階では、関係者にどんな人がいてどんな課題があるかもわかっていないので、最初からテンプレート通りの形式会議でうまくいくわけがありません。非公式の場も活用しながら、あの手この手で関係者同士の関係性を理解していく。さらには形成するように働きかけていく。

　そうした努力を経たあとの形式会議には、必ずや重要な意思決定に関係する関係者全員がきっちり参加していることでしょう。

　また、コンパクトにまとめられたアジェンダや参考情報のもと、大事な決断をくだすことができ、本来の意味での合意形成ができるようになっていることでしょう。

新たな取り組みがうまくいかない文化的背景

人間誰しも前向きに物事に取り組みたい、人の役に立ちたい、喜ばれたい、評価されたい、そういうことを通して成長したい、という単純素朴で素直な向上心をもっているものです。

そんな素直で前向きな気持ちが不器用なプロジェクト進行のために阻害されてしまい、十分に発揮しきれずに終わってしまうのはとてももったいないことです。

本書はそうした前向きなエネルギーが行動につながり、成果や結果に結びつく方法を語るために書いています。ここでは本論の内容からもう一歩踏みこんで「なぜ新たな取り組みは、うまくいかないのか」を考察します。

新たな取り組みがとかく迷走したり滞留したりしがちな組織を見ていると、次の３つの条件を満たしていると感じます。

- **戦略より戦術**
- **会議より現場**
- **挑戦より守備**

大局を見渡して全体最適が実現できるような座組みを考えたり、できるだけ少ないコストで大きな成果を得られるための構図を整えたりすることが「戦略」、個別の小さな局面で具体的な課題・問題に対して手を動かし、目に見える成果を出すための工夫が「戦術」です。戦略を考えるよりも戦術的な工夫をこらすほうが、わかりやすい達成感をもたらしてくれます。

さまざまな場で繰り返し語られていることですが、日本人は戦略的思

考がどうにも苦手で戦術好きだという印象は筆者にもあります。

　その傾向がより特徴化した現象が「逃避的現場主義」です。会議室に
いたくないがゆえに、現場に入り浸る人をときどき見かけます。
　もちろん現場における一次情報は大事です。最前線でなにが起きてい
るかを理解することなく、適切な戦略を立案したり実行したりすること
は不可能です。しかし、戦略を練る努力を放棄した、悪しき現場主義に
ついおちいる人も多い。

　「挑戦より守備」は、とくに大企業や大組織の場合によく見られます。
収益構造が確立し、かつそれを担うオペレーションの専門分岐が著しい
ため、挑戦して新たな価値を生み出すよりも、しっかりとこの現場を守
ろう、回そうとする思考になりがちです。

　これらの3つの条件を満たす文化は、ルーティンワークの改善には
向いていますが、プロジェクト進行の改善にはあまり向いていません。
　何百万個という部品をすり合わせ、組み合わせて自動車を量産する、
しかもそれを不具合なく低コストでやりとげるといった、規格大量生産
型の製造業の世界においては、極めて有効に働く文化です。ルーティン
ワークを構築し、洗練させていくことは、戦術、現場、守備の集積だか
らです。

　日本企業のすべてがこうした文化に染まっているわけではありません
が、全体的な傾向としては主流であることは否定しづらい話です。もし
情報革命が起こらずに、世界の産業が規格大量生産の枠組みのまま進ん
でいたら、日本社会はその文化的背景を強みにしてナンバーワンの座を
保持しつづけることができたかもしれません。しかしご存知の通り、近
年デジタルという要素が避けられないものとして加わりました。徹頭徹
尾**「ロジック、効率、トップダウン」**が求められるデジタルの世界では

「戦術、現場、守備」の文化は有効ではありません。

　大局を見通し、精緻なロジックでマスタープランを立て、中央からの指揮系統のもとに着実に決めた内容を遂行することがデジタル活用には求められます。

　いやいや、昨今人気のアジャイルはそんなトップダウンの世界ではなくて、もっとフラットで自由でクリエイティブじゃないのか、なんて思う人もいるかもしれませんが、そうではありません。

　戦略的価値の高いプロダクトを生み出す過程に、フラットで自由でクリエイティブな進め方が有効な局面はありますが、それはあくまで手段であり、主従関係でいえば「従」にあたります。

　デジタルのメリットの本質は集積とスケールにあり、最終的に「ロジック、効率、トップダウン」の3要素を満たして初めて大きな利益やメリットをもたらします。

　デジタル技術自体が毎年どんどん進化しますし、知識格差は開くばかりで、ますますどうしたらよいかわからない。そんな状況にあるのが、今日の日本社会だといえるでしょう。

　ではどうすればよいか。「デジタルセンスよりも、業務センスを磨くこと」を強く推奨したいと思います。

　デジタルを学びそこからできることを発想する、という順番では、大局を見ることはできません。自社の存在意義や提供価値から出発し、代替可能な手段としてデジタルを位置づけて初めて、実行可能な戦略を手にすることができます。

　デジタル投資の不確実性は「現場への無知」によって生じます。そしてその無知は具体的な行動によって取り除くことが可能です。業務をロジックとして理解できれば、効果的な情報システムを安価に開発するのは、そんなに難しくはありません。

デジタル投資の最終判断は、情報システム部門や経営企画部門の責任者が行うことが通例ですが、ほとんどの場合彼らは立場のうえではもっとも現場から遠く、一次情報を得ることが困難です。

　だからといってそれに甘んじて、現場やベンダーからの提案を待ち、一次情報を得ずに比較表ばかり描いて、もっともらしい顔で「不確実性」「リスク」を唱えて先送りするようなことでは、その職責を果たせているとはいえません。

　現場で顧客と向き合うメンバーたちがどんな価値をどんなふうに届けているのか。それはどんなプロセスで達成され、どんな知識が援用されているのか。そこにどんな非効率や課題があるのか。情報技術が解決できる領域はどこか。

　経営的な重要テーマと業務の本質をとらえることができたら、システム投資の判断軸は実に明確になります。

　我が国の強みに「人が人を満足させるサービスレベルの高さ」があります。一見、デジタルとの親和性が薄そうには見えますが、これを実現・増幅するためのデジタルという切り口に、もしかしたら突破口のヒントがあるかもしれません。

第 **3** 章

――

プロジェクト会議
の進め方

みながある行動をとった結果、誰もが利益を得るような行動は相互扶
助とよばれ、これの行動が進化することに疑問はない。問題は、行為
者に損失をもたらすが、受け手には利益をもたらす利他行動である。

長谷川眞理子（人類学者）　　　　　『動物の生存戦略』（左右社）より

プロジェクト全体の意思疎通のあり方を整えるためには「意識的なプロジェクト会議の演出家」が必要であるとお話ししました。演出家とはいっても、うまくいっていない現状をごまかし、脚色する人ではありません。また、意に沿わない行動を押し付けたり強制したりするわけでもありません。

関係者の各人に対して、プロジェクトという舞台の上で「自分がなぜ必要か」「どんな貢献が期待されているのか」を自覚するように促すのが、プロジェクト会議の演出家が果たす機能です。

大局が見えにくく混沌としやすいプロジェクトの現場では、めいめいの主観的な考えにとらわれやすく、精神論だけでは全体として統一感のある連携やチームワークは生まれません。チーム全体と個人個人の調和を図るために、誰がどんな役割をもった存在なのかを知らしめていく。その意識と技術が、メンバー同士の連携を引き出します。

本章では以上の議論を受けて「チーム全体と個人個人の調和を図り、有効な結論を導き出すプロジェクト会議とは、どのような手順によって成立するのか」を解説します。

有効な結論を導くための唯一かつ最善のアジェンダ

　結論から述べますと、どんなプロジェクトであっても、また形式会議の場であろうともメタ会議の場であろうとも、**有効な結論を導き出すための会議のアジェンダはたったひとつしかありません。**

　しかもそれは、図3-1に示すごくごく簡単なものです。

■ 図 3 - 1　会議で有効な結論を導くためのアジェンダ

　① ギャップをはっきりさせる
　② 課題に優先順位をつける
　③ 次にどうするかを合意する

　たったこれだけの3段階を着実に踏むかどうかで、プロジェクト会議の質はまったく違ったものになります。本章では、この3段階について具体的に説明していきます。

ギャップをはっきりさせる

　話し合いの第1段階でまずやるべきは「計画と現実」のギャップをはっきりさせて、各人が抱いている「期待と不安」に認識違いがない

かを確認することです。

　プロジェクトでは「こういうふうに進めたい」という当初描いていた理想像と実際に起きた現実の間に、必ずギャップが発生します。「納期が前倒しになった」「メンバー編成や組織構造が変わった」「予定外の作業が発生した」「キーパーソンの意向が変わった」など計画外で発生したことについて、散在している情報を整理整頓することから始めなければなりません。

　現在、どこにどんなふうにギャップが広がっているのか。それは早急に解決しないと危ない問題なのか。それとも大騒ぎするような話ではないのか。

　人間は誰しも「事実」と「意見」を混同しがちです。たとえ同じ事実であっても、立場によってその意味合いは変わります。最前線の人間からすると緊急事態であっても、意思決定者にとっては優先度が低いといった見解の相違も珍しくありません。

　人の立場によって動機、知識、利害が異なる以上、一見同じ現実を見ているかのように思い込んでいても、実は細かいところでまったく違う問題意識を抱えているものです。そのズレが気づかぬうちに膨らんで、あとあと大きな問題を引き起こすのがプロジェクトにおける最大のリスクです。

　明確に一つひとつのギャップを棚卸しせずに、いきなり個別具体の問題に話を進めてしまうと、気づかないうちに発生していた見解の相違に気づくことはできません。

　相手が心のなかで期待したり不安に感じたりしていることは、目には見えません。言葉や行動から情報を補って想像するうちに、あらぬ誤解が生じることも多々あります。そんなことが「あるかもしれない」という意識をもち、絶えず確認することが無用のトラブルを防ぐことにつながります（表3-1）。

■ 表3-1　話し合いのよくない始め方、よい始め方

始め方	解説
よくない	・とくに根拠なく「あれが問題」「これが課題」と思いつくままに話す ・自分の関心が高い利害を優先して話を進める
よい	・これまで拠り所としてきた計画表と実際の状況を対比する ・実際に作業を進めた結果判明した新たな不明点を整理する ・これから着手する予定とそれに向けての不安を整理する ・相手が今後どんなことを大切にして進めたいかを確かめる ・その他、とくに不安な懸念がないかを確認する

(2) 課題に優先順位をつける

　ギャップの棚卸しによって明確化した課題に優先順位をつけるのが
第2段階です。どの問題が優先的に解消されるべき課題で、どの問題
は一旦先送りしても大丈夫なのか。またそれらの課題に対して、解決
方法と見通しは立っているか。これをはっきりさせることで、今後ど
こに向かっていきたいかが明瞭になります。

　通常、プロジェクトでは人やお金や時間といった資源があり余るこ
とはありません。有限の時間、有限の選択肢のなかでベストを尽くし
ていくしかありません。

　①で棚卸しした「事実」としてのギャップをきれいに全部埋められ
るような施策があればいいのですが、それは不可能な話です。だから
こそ、**たくさんある課題に優先順位をつけることが必要**です。

　また、いくら課題としての優先順位が高くても解決できなければ、
それを合意することになんの意味も生まれません。どの程度の時間や
お金を要するのか。解決できる見通しは立つのか。見通しが立たない
場合は、代替案も考慮しておく必要があります。

これまでの活動結果を総括する。次に、今後向かいたい方向性や見通しを描く。その2つをつなげるために現在とることができる選択肢と見通しについての認識をもつ。これを「大局観」とよびます。

会議に参加する前の時点では、めいめいが自分の主観に基づく大局観をもっています。それがどの程度互いに一致するのか、どこがズレているのかはわからない状態でした。

①と②の段階を経て、各人の主観的なものの見方が共有され、補正され、互いに共通理解が生まれます（表3-2）。そうして初めて、その会議の結論に価値が生じるのです。

■ 表 3 - 2　　話 し 合 い の よ く な い 進 め 方 、よ い 進 め 方

進め方	解　説
よくない	・問題が散らばっていて整理されていないままに各論に踏み込む ・相手の意見を聞くよりも、自分の意見を通すことに意識が向く ・対処方針と見通しが立たないのに決断する
よい	・発生したギャップのなかで、課題として認識すべきものとそうでないものを仕分けする ・課題のなかで、優先順位の高低の仕分けから議論を始める ・どの課題に対しても、対策の難易度や見通しを冷静かつ客観的に考える ・決断する前に、とり得る選択肢を幅広く整理する ・うまくいかなかったらどうするかも議論する ・最終的な意思決定をする前に、その場にいる人たちの総意として大切にしたい価値観を明確にし、合意する

③ 次にどうするかを合意する

プロジェクト会議のなかで、必要かつ十分にギャップを整理して、慎重かつ大胆に課題と優先順位を合意できたら、その会議の成功は目前です。

最終段階では「これから、具体的に、いつ誰が、どんなアクションをとっていくか」を合意していきます。

　どんな会議でも最後に次のアクションを確認するのは一般的な段取りですが、理想の会議とダメな会議では「次のアクションの質」がまったく異なります。

　ダメな会議の場合は、どんな問題に対処しなければいけないかの認識が不十分で、かつ課題と問題が混在していて、最後だけとって付けたようなアクションが並べられることになります。

　そうなると、そのアクションに本当に意味があるのか、割り振られた当人自身が腑に落ちません。そもそも具体的になにをすればいいのかピンと来ません。結果としてアクションがとれなかったり、とっても不十分となってしまったり、停滞を引き起こしてしまいます。

　逆に、ここまで説明した段階に沿って必要十分に意思疎通し、意見交換をしてきた会議では、景色は一変します。自分たちのチーム全体にとって、どのような考え方でどんな問題にあたっていこうとしているのかという大局観を共有した状態です。あえて確認するまでもなく、各人のなかで「自分はここを重点的に対応しよう」というイメージがすでに湧いている状態で、会議の終盤を迎えられます。

　その結果、各人が課題への取り組み方を具体的にイメージできます。「実行と達成をコミットさせる」「細かく確認する」などのことは必要ありません。

　さらに一歩進んで、今後新たな想定外が発生したときにどうするか、その判断基準と優先順位まで話し合うことができると、理想中の理想の展開です。

　合意したアクションの遂行中になにか変化があったとき、毎回集まって相談するのもいいですが、相談しなくても同じ判断基準で想定外に対処することができたら、時間を無駄にせずに物事を進捗させる

ことが可能になります。

■表3-3　話し合いのよくない終わり方、よい終わり方

終わり方	解 説
よくない	・なぜそのアクションを実行しないといけないかが不明瞭 ・現実的に遂行できる条件が整っておらず、達成が困難 ・それがうまくいかないと致命傷になる恐れがある
よい	・アクションを実行する担当者自身が達成イメージをもてている ・実施する目的と得たい効果が明快になっている ・やってみて、もしうまくいかなくても、代替策が考えられる

 # 最善のアジェンダで会議を運営するための具体的な手順

　これからどうするかを決めることが、みんなでわざわざ集まって話し合う目的であり、ゴールです。この「これからどうするか」が実効性のあるものになるかどうかが会議の質を決定づけます。

　実効性のある結論を得るために、発生しているギャップについての認識を揃え、優先して対処すべき問題を「課題」としてとらえ直し、それを解決するための手段とシナリオを考え出し、合意していく。

　この思考のダイナミズムがチームのリズムとしてシンクロし始めると、プロジェクトはまさにテイクオフ、離陸した感覚が生まれます。

　そんな理想のアジェンダを成立させることは、準備なくしてはできません。そして、形式会議かメタ会議かで、それぞれ重要なポイントが異なります。

　各々の場について、有効な会議を実施するために必要な準備と具体的な段取りを見ていきましょう。

プロジェクト会議の事前準備

　会議の時間は有限なので、できるかぎり「判断」と「意思決定」に時間を使うべきです。現状認識の整理は事前に済ましておくことができれば、それに越したことはありません。

　形式会議のいいところは、ある程度ボリュームのある資料などを事前に用意するのが違和感のない場であることです。たとえば「ギャップを知る」は、なにも会議の時間で行う必要はなく、あらかじめ参加者全員に現状をヒアリングしておくことが望ましいでしょう。

　事前にギャップの整理ができたら「課題と優先順位」も整理することが可能になります。すると「解決策」も立案でき、それを複数案用意しておいて、メリット・デメリットを分析しておくこともできます。さらに、以上の資料を主な意思決定者に事前に見せておき、あらかじめ結論についても見通しを立てておくことができます。

　事前にそこまで準備をしてしまったら、会議を開催する意味がないじゃないか？　と思われるかもしれません。

　そうです、それが最善です。しかしやはり、今後向かうべき方向はどちらなのか、またそのためになにについて判断し、どう意思決定するかについて、主な関係者が対話する必要があることの方が多いです。逆にいえば、どうしても集まる必要がある場合以外は、すべての会議を割愛できるのが理想です。

　形式会議は、以上記載したような形で「判断」と「意思決定」に関わらない前提部分を事前にすべて用意しておき、会議本番はこの2つに集中できるように工夫するとよいでしょう。

　一方メタ会議は、移動しながらとか、ちょっと立ち話をという気軽な状況での会話です。資料を広げてああだこうだと時間をかけることはできません。フランクな場に重厚長大な準備をするのは本末転倒で

すし、そもそもそこまでする必要はありません。

メタ会議でも「ギャップを知る→課題と優先順位→次にどうするか」という基本構造は変わりませんが、具体的な意思疎通の方法はまったく異なります。

いかに相手の注意をこちらにひきつけるかが最大のポイントです。予定外の時間であっても、その対話に意味があると思ってもらえることが大切です。そうした機転を利かせることができないと、そもそもメタ会議を成立させることができません。

メタ会議をうまく成立させるための準備としては、まず相談したい相手のちょっとしたスキマ時間をつかむために、事前に行動予定や相手の習慣を把握しておく必要があります。

そのうえで、手早くコンパクトにアジェンダを満たせるように、どんなふうに話しかけるかを頭のなかでシミュレーションしておくとスムーズに実施できます。

開催時の進め方

形式会議においては、プロジェクトの序盤が一番やるべきことが多いです。通常はそのプロジェクトがどんな会議体で進めていくかも未確定な状態からスタートしますので、形式会議を整えるための前提条件を、形式会議とメタ会議の両方を駆使して、一つひとつ確定していかなければなりません。

具体的には以下のような事柄です。

- **そもそもこれから定例の会議が必要か不要か**
- **開催する場合の頻度**（毎週か、隔週かなど）
- **各回の会議にどの程度の時間をかけるか**

- 参加者は誰か
- 欠席の場合はどうするか
- 誰が会議室やオンライン会議の URL を手配するか
- 議事録はどんなフォーマットで作成するか
- 議事録の書きぶりはどうするか
- 共有や最終的な内容の承認プロセスはどうするか

　序盤の形式会議においては用意したアジェンダがその通りに進行しないことも多く、いろいろな混乱を一つひとつ乗り越えながら形を整えていくことになります。

　最初の混乱期を経て、ある程度機械的に回せるようになるまで、標準的には 1 ヶ月ぐらいはかかります。定例会議の理想状態は下記の通りです。

- 日時、開催場所、参加者があらかじめ決まっていて、改めて相談する必要がない
- 「当日のアジェンダ」「補足資料」が会議の前に配布されている
- 可能な限り、出席者も事前に目を通している
- 終わったらすぐさま議事録と次のアクションを配布する

　このような段取りが整っている場合では、会議の中身そのものの**ファシリテーションは、なにか特別な工夫が必要なくなります**。具体的には、次のような進行をイメージしてください。

① 事前の準備事項と当日アジェンダについて説明する
② 上記の想定外のなにかが発生していないかを確認する
③ 発生していた場合は、それを最優先事項として共有する

④ もともと用意していたアジェンダを全般的に消化する

⑤「次にどうするか」を整理しおさらいする

　事前資料や議事進行上のメモについては、対面式であればプロジェクタで投影する、オンラインなら画面共有して全員の視覚を集中させたほうがよいでしょう。

　一方のメタ会議では、上記で述べたような形式よりも実質を大切にすることを意識してください。誰にでも形式会議の場では表に出せなかった感情や情報があるはずです。

　公式の場では表現できなかった不安や不満、あるいはアイデアや情報などその人の内面に抱え込んでいるものがあり、それが全体の進行に影響を与える可能性がある場合には、適切にそれを汲みとる必要があります。

　この非公式のコミュニケーションの場では、なにかを決めつけたり、相手を問い詰めたりすることはもっとも避けるべき行動です。相手のなかから言葉が出るのを待つ。本当に望んでいるもの、あるいは恐れていることを知る。これがメタ会議の進め方における最大の要点です。

事後対応の注意事項

　事後対応については、至ってシンプルな注意点しかありません。できるだけ素早く、決定事項や今後のアクションを共有する。ただそれだけです。

　何度も繰り返しますが、プロジェクトにとって想定外はいつどこでやってきてもおかしくはありません。**定例会議を終えた直後もまた、その例外ではないのです。**なにかことが起きてしまうと、その場で到

達した結論がまた変わってしまう可能性もまた、ゼロではありません。

　議事録を共有するのがそうした変化を受けた後になると、関係者によってはとらえ方が変わってしまうことがあります。それは無用の新たなギャップを生んでしまうことにもつながりかねず、百害あって一利なしです。

　せっかく集まって話し合いをする時間を設けたのですから、そのメリットを最大化し、デメリットを生まないためにも「終了、即、共有」は心がけたいところです。

　内容としては、いつ誰がどんな行動をとって、いつまでにどんな状態を到来させるのかをシンプルに表現したリストがあると理想的です。図3-2にToDoリストの例を示します。以下のポイントでまとめるとよいでしょう。

- **今後の全体的な進行の流れを表記する**
- **「誰が、なにを、いつまでに」をわかりやすく**
- **「○○を●●する」のように、体言止めでなく文章で表記する**
- **情報の受け取り手が読みやすいように工夫する**（詳細な WBS や台帳が好まれるのか？　要約版が喜ばれるか？　など。本図は要約版）

　プロジェクトによっては公式な発言録を保管しておくことが求められるようなものもありますが、そうしたものは急ぐ必要はなく、むしろ正確性や確認プロセスが重要となります。

　前述したような実質的なアクション一覧をスピーディに展開するのとは性格が異なりますので、実質的なアクション一覧は非公式的にメールやビジネスチャットツールで展開し、正式なものはドキュメントの形で追って共有するといった形で、2段階にわけて作業するのが次善の策となります。

```
--------------------------------------------------------------
＜次のマイルストーンに向けての今後の主な動き＞
--------------------------------------------------------------
・直近：初回案内に向けての各種調整
・6/18 金：次回定例
・6/21 週：来場者向けの直前案内
・7/ 5 週：プログラムの本番開催
・7/12 週：アンケート回収、振り返り


--------------------------------------------------------------
＜直近の各自の ToDo ＞
--------------------------------------------------------------
■山田さん
・初回案内のための各種調整を実施する（今日中）
・日程確定に向けて、社長の秘書に確認する（今日中）
・通訳支援の要否について部長と相談する（今週中）

■佐藤さん
・昨年のレポートについて、参考情報を集める（なる早）

■鈴木さん
・案内文のドラフト版を作成する（今日中）

■橋本さん
・講師のスケジュールを確定する（今週中）
・追加要員と見積変更の準備を進行する（次回定例まで）

■前川さん
・変更内容を受けて、会場を再確保する（なる早）
```

よいプロジェクト会議とは

　以上、理想的なプロジェクト会議について、そのアジェンダの立て方と実際の運営手順を解説してきました。ここで語ったことはプロジェクトの種類や規模に関係なく、どんなプロジェクトにもあてはまるものです。デジタルでも非デジタルでも、新規事業でも既存事業でも、歴戦の仲間同士でも初対面同士でも、変わりません。

　外部環境による想定外の影響を受けやすく、あらかじめ決めたマスタープランがその通りにはいかないプロジェクトであれば、つねにあてはまる原則です。

　プロジェクト管理というと、最初にあるべき成果物とその作業が定義されて、あとはそれを具現化するための工程を詳細化し、各担当に期日通りに納品させるための進捗管理を行っていくイメージがあります。もちろん、そうした方法で工程管理をすることは、ある程度規模が大きく複雑な取り組みにおいては不可欠です。

　一方で、前例のない取り組みでは事前に作成したマスタープラン通りにはいかない現実もあります。内部的な努力だけでは対応しきれない場合には、広範囲の関係者の理解や目線をあわせていくことが大切になります。

本当に重要な問題は伏在している

　どんな現場、どんなチームであろうとも、必ずといっていいほど「自分たちは互いに理解しあっている、大局も見えている」という誤解や願望が存在しています。その誤解ゆえに、本当は対処すべき問題が

あっても、見過ごされてしまうことがたびたびあります。

　どんなに問題が大きくても、そこに直面した人たちが「よし、ここはひとつ、みんなで踏ん張ってこの難局を乗り越えよう」という意欲さえあれば、たいていの問題は乗り越えられるものです。

　ここで大事なのは「よし、ここはひとつ」という心意気をいかに引き出すかです。一緒に進める仲間たちと認識がずれていては、そうした心意気は出てきません。会議のたびに「こんなことを話し合う意味があるのだろうか？」と思うようでは、なおさらです。

　プロジェクトとはその本質からして非日常的、非定型的なものですから、目に見える具体的で派手な問題に気をとられてしまいがちです。しかし本当に対処すべき問題はむしろ、**目に見えない地盤、あるいは無意識のなかにある誤解に潜んでいる**ものです（図3-3）。目に見える派手な問題に目を奪われてしまうと、もっと大きな問題が眠っていることに気づきません。

▪ 図3-3　本当に重要な問題は伏在している

目に見える具体的な
問題に注目しがち

本当に大事なのは
地盤と基礎

　その場その場で発生した出来事に気をとられ、場当たり的な会議運

営をしていると、問題の本質をとらえることができず、いつまで経っても解消することはできません。

　意識して目を凝らさないと見えてこない、本当に大事な「地盤と基礎」からしっかりと認識を合わせ、論理を組み立て、大局観を一致させる。これがスムーズなプロジェクト運営のコツです。

　筆者自身は、難局にあっても関係者が一丸となって力を合わせ、工夫をこらしながら新しい価値を生み出していく取り組みが大好きな人間です。そういう場には他には代えがたい高揚感や達成感があるからです。

　一般的に「会社」とか「仕事」という場ですと、そうした面白みを感じる機会は乏しく「評価されたいから我慢する」「とにかく頑張る」「怒られるのが怖いからやる」なんてことが往々にしてあります。

　それだとどうしても最終的に生み出される成果物に心はこもりませんし、心のこもらない成果物は人を幸せにはしないものです。

───── 理想のキックオフ会議

　会議の場面をより具体的に設定して考えてみましょう。キックオフ会議を理想のプロジェクト会議として成立させるための具体像とは、どんなものでしょうか。大事なポイントは、以下の3点を満たすことです。

- 危険予知の意識が高まり、臨戦態勢が整う
- 考慮漏れを発見し、うっかりを解消する
- 最初の小さな（そして確かな）ゴールが見える

　キックオフ会議とは不思議なもので、この言葉自体はとても有名

で、多くのプロジェクトで必ずといっていいほど開催されるのに、その流儀については人によって千差万別です。「これぞキックオフ会議だ」という決定版は意外なほどに見かけません。

「単に顔合わせをする場」といったイメージもありますが、それは非常にもったいない開催の仕方です。なぜなら「単に顔合わせして、目的・目標について話し合い、大まかなスケジュールを確認し、大きな異議もなく閉幕する」時間をもつことには、なんの意味もないからです。

そこで語られるスケジュール通りに進むわけがないのです。にもかかわらず、そこに対して疑問や質問が出ないと「なんだかんだで、なんとかなるのかな」といったような、漠然とした期待だけを抱いて終わってしまうことになります。あるいは、議事進行がうまくいかずに疑問・質問が紛糾してしまうと、何のために集まったのかわからなくなります。

そんなキックオフ会議を開催してしまうと、ひとたび前提を覆すような想定外が発生してしまったとき、それに対してどうやって対応すればよいのか、方針を定めようにも難しい局面が訪れることになってしまいます。

プロジェクトの開始時点とは、実際にこれから起こる物事と机上で理想としている計画のズレがもっとも大きい状態ですから、むしろ徹底的に**「どこにギャップがあるのか、あるいは今後ありえるのか」に意識をむけるべき**でしょう。

今後なにに備えるべきかについての認識が深まると、必ず考慮漏れが見つかります。みんなで集まって話し合いをするのは、まさにそれが目的です。実際にことを進めて見つかるうっかりよりも、着手するまえに気づくうっかりのほうが断然、対処もしやすいものです。

キックオフ会議でそうした実のある検討をすると「まず到達すべき

最初のゴール」が見つかります。それは、大まかなスケジュール表に記載された最初のマイルストーンとは異なります。最初のマイルストーンを迎えるために、自分たちはどのような課題にいま直面しているのか、そしてどこをどう突破したらそれが解消されて、最初のマイルストーンが間近に見えてくるのか。

　キックオフ会議を経て迎えるべきゴールとは「最初の小さな（そして確かな）ゴールが見える」という一点なのです。

─────　理想の定例会議

　キックオフ会議に続いて、プロジェクトにおける二大会議のもうひとつ、定例会議についてもその理想像を考えていきましょう。定例会議が満たすべき要件は、以下の３つです。

- **課題と対策が出揃う**
- **判断軸がみんなで一致する**
- **渋滞を解消し、再スタートが切れる**

　定例会議においてもっとも大切なのは、対処すべき課題が必要十分に認識されていて、それぞれの課題に対する打ち手が明確になり、今後解決していく見通しを立てることです。定例会議を開催する目的は、そこにしかありません。

　課題と対策の整理は、会議の時間のなかだけでやろうとすると、いくら時間があっても足りないので、原則としては開催の前にあらかた片付いて見通しがよくなっている状態を迎えておくのが望ましいです。そして、最終的に意思決定を行う人が自信をもって、「こっちだ」と判断できる材料を揃えることができていたら理想的です。

定例会議が終了し、議事録を共有した時点で受けとった各関係者に「これでうまく再スタートが切れそうだ」という感覚が芽生えたとしたら、その定例会議は大成功だといえるでしょう。

　その判断材料とは、プロジェクトの工程や成果物、調査結果といった客観的資料だけとは限りません。重要な役割を担うメンバーの意識状態や理解の深さ、意気込み、その場の勢いや流れも大切です。みんなが自信のない顔をしていたら、どんなに客観的に正しく見えても腰砕けになってしまうものです。

　大きな判断をともなう定例会議では、会議本番よりもその前後のメタ会議の方がむしろ重要です。なにが話し合われるべきなのか。どんな根拠によって今後の方針を決定するのか。決定事項はいかに実行されていくべきか。

　こうした一連の思考の流れを全体で共有するためには、準備、開催、事後対応の全体を通した差配が不可欠です。

　会議を終えて三々五々、それぞれの持ち場に別れた後の時間は各自の主観的な時間です。担当している作業内容を黙々と進めて、次また集まるときに備えていく。

　きっとまた、その計画を乱す予想外の外乱要因が発生してしまうことでしょう。材料が届かなかったり、道具が揃わなかったり、自分のあとの受けとり手がいなくなってしまったりして、作業は停滞します。

　停滞が発生したときに、次にまた関係者同士で顔を合わせて交通整理を行うことで、また再び時間が流れ始めます。この**集まり、散らばり、また集まる呼吸を停滞させないことが大切**です。

プロジェクトにおいては
あらゆる会議がキックオフ

　細かく見てきましたが、それが定例でも定例でなくても、形式会議でもメタ会議であろうとも、大切にしたい考え方は変わりません。これまでやってきたことを総括し、不確かな未来への一歩を踏み出す。そのための「現在地」を確かめる。それが、プロジェクト会議の本質なのです。

　もう一歩踏み込めば、プロジェクトでは「あらゆる会議がキックオフ会議である」ともいえます。いつどこで、なにが起きても不思議ではない。災害が発生することもあります。未知の感染症が流行することもあります。経済状況だって、いつどんな風が吹くかわかりません。

　出資者や経営者の意向が変わることもあれば、メンバーが交代することもあるでしょう。どんな新たな取り組みも、それが前例のない取り組みである以上は、初期条件が初期条件のまま、前提条件が前提条件のままで進み続けることなど、一切保証されていないのです。

　なにかことが起きたときに「そんな話は聞いてなかった」「前提と違う」「受け入れられない」といった後ろ向きな議論になってしまうのは、悲しい話です。話を前に進めることにはつながりません。しかしそんな悲しい話に満ちているのが、現代社会の現実でもあります。

　だからこそ、ギャップをいち早く（できれば大きなトラブルに発展する前に）見つけることが大切なのです。ことが起きる前と起きた後では、とりうる選択肢の幅がまるで異なります。できるかぎり効果的で、コ

ストが低くて、有利な選択肢を選ばなければ、同じ成果物でもそれを実現する道のりがまったく異なるものになります。

　あらゆる会議が、キックオフ。このシンプルな心得をもつことが、プロジェクトに関わる人々を幸せにすることにつながります。

プロジェクト会議の「準備」と「意気込み」チェックリスト

　理想のプロジェクト会議を実施できているかどうかを確認することができるチェックリストを用意しました。「開催前」「開催中」「開催後」のそれぞれの段階で確認してみてください。

　半分ぐらいチェックがついていれば、かなりよい進行ができているといっていいでしょう。すべてにチェックがつけられるような進行ができれば、会議にかける時間や手間は最小限になっていると考えて問題ありません。

　以下を参考に、チェックの数でご自身の力量を推し量ってみてください。

- **1〜3個：プロジェクト会議の演出家見習い**
  「駄目な会議」に陥っている可能性大です。意思疎通の仕方を根本的に見直しましょう。

- **4〜8個：白帯**
  難しい局面でなければ、問題なく進行できるでしょう。トラブルや炎上が起きたら収拾がつかなくなるかもしれません。

- **9〜12個：黒帯**
  ある程度難易度の高い状況でも対応できる水準です。プロジェクトを駄目にすることは少ないでしょう。

- **13〜15個：名人**
  共創的な、よいプロジェクトを生み出せるでしょう。

開催前の段取り

☐起きている課題や話すべき議題について事前に整理する

☐どの課題について、どんな結論を得たいかを明確にする

☐あらかじめ、必要な参考資料は作成し、配布もしておく

☐自分の頭のなかで当日の流れをシミュレート

☐誰かと一緒に予行演習する

開催中

☐冒頭で、会議の背景、目的、流れとゴールについて認識合わせをする

☐発言してよいタイミング等のその場のルールについてアナウンスする

☐重要な討議事項の小結論は全員1回は発言できるように配慮する

☐みんなに見えるように議事メモを取る

☐最後に結論を明確に確認する（なにが決定したかと、宿題はなにか）

開催後

☐できるだけ早く、議事録を共有する

☐参加できなかった人に、内容をフォローする

☐宿題が進んでいるかを確認する

☐キーパーソンに、なにか違和感や注意点がないかを確認する

☐できるだけ早く、次の会議の準備を開始する

第 4 章

あらゆる会議を乗り越える
「ミーティング地図」

地図を使うには、地図を外から見ているだけではだめで、自分たちがその地図が表しているもののどこに位置しているのかを知る必要がある。

カルロ・ロヴェッリ (物理学者)　　　『時間は存在しない』(NHK出版)より

どんな領域でも、現場における実践的な技能を身につけるためには理論を学び、よいお手本を見つけ、真似をしてみて失敗して、そこからまた学びを得て……と、長期的な学習過程を必要とします。

一方で「そんな悠長なことをいっていられない」「まさにいま困っている」「いますぐどうにかしたい」という事情を抱える方も多いのが世の常でもあります。

そんなとき、いきなりエキスパートと同等とはいかないまでも、ある程度一定の枠組みにあてはめることで最低限大事なポイントはおさえられるツールがあると大変に便利なものです。

一般的にはそうしたものをフレームワークとよびます。プロジェクト会議においてもまたフレームワークが有効であると考え、実際に会議運営を助けてくれるツール「ミーティング地図」を考案しました。本章ではその活用法を紹介します。

よいプロジェクト会議を
叶えてくれるツール

　「ミーティング地図」とはその名の通り、**会議における水先案内の役割を果たしてくれるツール**です。自分たちはプロジェクトのなかで、現在どんな位置に立っているのか、その会議を通じて今後どのような状態になりたいのかを明らかにするためのものです。

　図4-1にミーティング地図を示します。手書きする場合はA4横サイズでプリントアウトしてもよいですし、B5サイズのノートを見開きにすれば、ちょうどよい分量で書き込めます。PDFおよびPower Point

■ 図 4-1　ミーティング 地 図

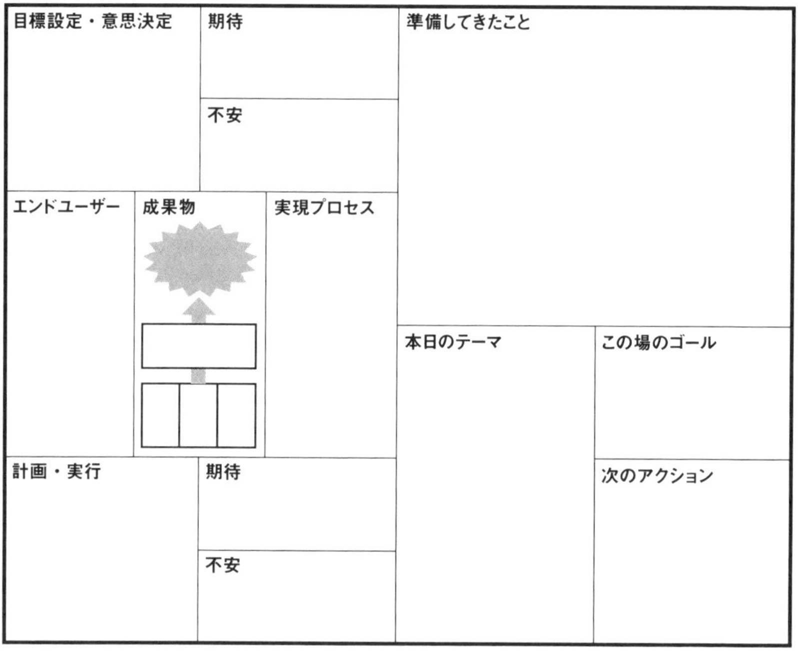

目標設定・意思決定	期待		準備してきたこと	
	不安			
エンドユーザー	成果物	実現プロセス		
			本日のテーマ	この場のゴール
計画・実行	期待			次のアクション
	不安			

のテンプレートデータは本書冒頭の「会員特典データのご案内」から
ダウンロードできます。

　ミーティング地図は大きく３つの領域に分かれています（図4-2）。
左側半分は前章までに解説した「まさかのギャップ」がないかを発見
するための領域です。右上では、これまでにどのような課題を重要視
して、この会議にあたってどのような準備をしてきたかを表現しま
す。右下は結論としての優先順位と次のアクションについて整理をす
る場所です。

　書き進める順番は左側、右上、右下の順です。前章でも解説した
「①ギャップをはっきりさせる」「②課題に優先順位をつける」「③次に
どうするかを合意する」という会議のアジェンダを満たすための情報

■ 図 4 - 2 　　各 領 域 の 目 的

| ギャップ発見のための領域

● 目指すべきゴール
● ゴールを達成するためのプロセス
● 重要な関係者の期待と不安

についての「記入者にとっての認識」を記載する。

「地盤と基礎」の部分に、致命的なズレがないかを確認する。 | 課題と対処状況の認識合わせの領域

その会議のために準備した内容について整理する。
それらが首尾よく実施できたかを確認することに加えて、そもそもの課題認識や、それを解決するための手段、アプローチにズレがなかったかを確認する。 |
| | 優先順位を明確化し合意するための領域

その会議を通して到達したい状態と、それに至るためになにを優先して議論するかを表現する。 |

が整理できます。

　実際の使用法としては会議の冒頭で、作成したシートを提示することで、実際に関係者との間でギャップを発見し認識を合わせ、必要な結論を生み出すための対話をすることができます。

各項目の名前と意味、作成する手順の解説

　ミーティング地図のそれぞれの項目名と意味について解説していきます。

「目標設定・意思決定」

　左上の「目標設定・意思決定」にはプロジェクト全体のゴールを決めたり、大きな判断をともなう場合に最終的な意思決定を下すのは誰かを書き込みます。

　具体的な個人が該当することもありますが、「株主総会」や「○○委員会」といった組織的な意思決定機関の場合もあります。あるいはトップに社長がいて、以下順に管掌取締役、部長、担当マネージャというふうに組織図にしたがって決裁を進めていく場合は、そのまま組織図を記載するとよいでしょう。

　「目標設定・意思決定」の右側には、その意思決定者がどのような「期待」と「不安」をもっているのかを書きます。

　記入者自身が「目標設定・意思決定」の役割を担っている場合には、すらすらと書けると思います。そうでない人が書き込む場合、当事者の内心は想像するしかありません。そのときは「きっとこうだろう」という仮説で構わないので、頭に浮かんだことを自由に書き込んでください。

　ミーティング地図はいきなり正解をいい当てるためのものではな

く、あくまでも**ギャップを発見するための効率的なきっかけづくりを狙いとするツール**です。最初に作成した時点で正しい事実に基づいている必要はありません。

　もし、いくら想像してもなにをどう書いたらいいのかわからない場合は「わからない」「想像もつかない」と、素直に正直に書いて構いません。

「プロジェクト概要」

　次に左側の中央部分に進みます。ここは、プロジェクトにおける「成果物」とはなにか、またその成果物の「エンドユーザー」は誰か、成果物を生み出すためにはどんな「実現プロセス」が必要かについての認識を整理する場所です。これらをまとめて「プロジェクト概要」とよびます。

・エンドユーザー

　「エンドユーザー」にはプロジェクトにおける成果物が誰のためのものなのか。そして、エンドユーザーはどんな需要や期待をもっているのかについて書き込みます。例を挙げると、新規事業開発プロジェクトであれば「目標設定／意思決定」は通常、事業責任者や出資者であり、エンドユーザーは顧客が該当します。社内の業務システムを開発、導入するプロジェクトであれば、実際にその業務システムを活用する部門の従業員です。

　プロジェクト会議を開催する時点で、すでにリサーチが済んでいて詳しいことが明らかになっている場合もあれば、調査はこれから行う段階だということもあるでしょう。場合によっては、誰をターゲットとするかもまだ流動的でこれから話し合いをするんだ、ということもあるかもしれません。

記入する際は、そのような検討状況や不明点、懸念点も含めて記載するとなおよいでしょう。

・成果物

「成果物」には、文章を書くのではなく構造的に表現します。

まず真ん中の枠に、いまからつくろうとしている成果物がなにかを書きます。新規事業ならその新規事業の名称、商品開発ならその名称や仮称です。

名前がまだついていない場合は「新事業」「新商品」といった表現でも構いません。先ほど整理したエンドユーザーに対して、なにを届けたいのかを具体的に表現できれば大丈夫です。

その上にある吹き出しには、成果物を生み出したい理由、すなわち「上位目的」を書きます。新たな成果物をエンドユーザーに提供するのは、それ自体が目的ではありません。「楽しんで欲しい」「効率化したい」「コスト削減」など、その新たなモノを提供することによって生み出したい、なにかしらの効果や狙いがあります。書き込める文字数は少ないので、できるだけ単純な表現で記入してください。

下にある３つの枠には「実現手段」を書きます。主な中間成果物や中間プロセスを単純化した形で書き込むための場所です。新規事業であれば「企画」「実証」「予算」、社内プロジェクトであれば「交渉」「調整」「意欲」といったふうに、記載者自身がとくに大事だと思うものを記載するとよいでしょう。

厳密さを意識する必要はありません。繰り返しになりますが、これを記載した時点で「正解」である必要はなく、あくまでこれはディスカッションのたたき台なのです。

参加者の認識に潜んでいるギャップへの気づきを得るためのよび水ですので、あえて**大胆にデフォルメした表現をすることで議論が弾**

み、深まります。

・実現プロセス

　どんなプロジェクトも、その推進に携わる当事者が類似のものを経験していたり、その業種や組織の事情をよく知っていれば先が読みやすくなります。あるいは、必要とする資源が十分に揃っていれば有利に進められます。

　「実現プロセス」にはそのような実現過程について、ポジティブで有利な情報と、ネガティブで不利な情報の両方を書き込み、整理します。

　他の項目も全般的にそうですが、紙とペンで作成する場合には付箋を用いることを推奨します。ポジティブなものは青色、ネガティブなものは赤色を用いるなど、色で意味合いを表現するとより見やすくなります。

「計画・実行」

　左半分の下部である「計画・実行」の領域は、「目標設定・意思決定」と同様の形式でプロジェクトを計画し、実行する人の側について記入する場所です。

　たいていの場合は、こうした会議の準備をする人自身が該当することが多いかもしれません。その場合はまさに自分自身について書けばよいので、そんなに苦労はないでしょう。

　まずは、その人が誰かを左側の枠内に書き込みます。「目標設定・意思決定」のときと同様に、具体的な個人が該当することもあれば、組織形態や外部パートナーも含めて全体感がわかるような組織図を記載してもよいでしょう。

　右側には、その計画立案／実行する人たちがどのような「期待」と

「不安」をもっているのかを書いていきます。関係者全員の思いを必要十分に整理し、端的に表現するのは、やってみると少し難しいところもあるかもしれませんが、できるだけシンプルに表現することを目指してください。

これで左側半分ができました。記入例は次節で詳しく解説するので、ここでは引き続き右側半分に入っていきます。

「準備してきたこと」

ミーティング地図の右側半分は、上下に二等分されています。上半分の「準備してきたこと」はその会議のためにどんな準備をしてきたのかを総括する領域です。

ミーティング地図を記載している人自身がやってきたことだけでなく、どの関係者がなにをやってきたのかを全体的に記載するようにしてください。

事前に作業を依頼していたけど、本当にやってくれているかは確認できない場合もあるかもしれません。あるいは、会議の開催までに時間がある場合は、これからその準備をするつもりだけど、まだ完了はしていない、といった場合もあるかもしれません。

そういうときは、一旦「こういうことを準備したい」と予定しているものはすべて記載をしておき、実際の会議の直前に、状況に応じて修正してください。

「本日のテーマ」と「この場のゴール」

ミーティング地図の右側下半分の領域に、いよいよ会議の本題である「本日のテーマ」と「この場のゴール」を記載します。その右下にある「次のアクション」は会議が終了したときに書き込むための欄であり、会議の準備段階では記入する必要はありません。

順番としてはゴールから書くと書きやすいです。会議が終わった時点で、参加者がどういう状態になっていたいのかを書きます。これまでに記載・整理し、可視化してきた内容を俯瞰して、心のなかの自分に問いかけてみてください。

　きっと、いろいろな思いが去来するかと思います。ここで大切なのは、「いま答えを出すべき問いはなにで、そのためにはどんな順序で話し合いを進めるとよいか」です。

　「エンドユーザーの想定がまだ甘く、ここを詰めないことには話が前に進まない。いまはこれを明らかにするのが最優先だ」。「課題は明確だが、アイデアが足りない。自由な発想で創造的な解決法を生み出したい」。「現実的にとれる選択肢は限られている。リスクはあるが、みんなで勇気をもって決断したい」。

　その時々の状況で、ゴールは異なります。会議が終了した時点で、どんな結論が得られていたら、みんながいい顔で終えられるか。終了時点の参加者の表情をイメージするとよいでしょう。

　ここまで考えてきて、ようやく「本日のテーマ」を書き込むことになります。全体の状況認識が整い、事前の準備事項がはっきりしてゴールが描けたら、はじめてそれらをつなぐ道順を描くことが可能になります。

　実は、これこそがその会議で話し合われるべき「アジェンダ」なのです。**よいアジェンダとは、意思疎通がもっともスムーズになるための道順**です。途中で迷ったり遭難したりせずに、最短で必要十分な議論を尽くせる議題はなにか、その話をする順番をどうするか。ここが見えて初めて、ミーティング地図は完成します。

ミーティング地図の書き方の具体例

　どんな会議でも、議題やアジェンダを立てるのがならわしですが、ミーティング地図ではいきなりこれを考えるのではなく、**その背景にある情報や状況を整理すること**を重視します。

　派手で目立つ話題に気をとられて丁々発止で議論していると、つい基盤となるそもそもの前提条件のことを忘れてしまい、気づくと無意味な会話におちいってしまっていた、ということが実に多いためです。

　各項目の内容と記載する手順の説明だけでは、実際にどんな書きぶりで書いたらよいのかがイメージしづらいかもしれません。また、どんな種別、規模、フェーズのプロジェクトで記載するのか、自分がいま直面している状況には適しているのかピンときづらいところもあるでしょう。

　ここでは、規模の大、中、小も意識しながら、3つの作例を紹介します。

① 比較的大きなプロジェクトの初回顔合わせ

　第1の例はIT開発プロジェクトです。ある上場企業が長年使ってきた基幹システムが耐用年数を迎え、最新式のパッケージ製品を導入しようとしている状況です（表4-1）。

　その基幹システムは、かれこれ20年近く前に開発されたものでした。変化していく業務にあわせて継ぎ足し継ぎ足しでカスタマイズを重ねてきました。

■ 表 4 - 1　作例①のミーティング地図を作成した当時の状況

プロジェクト	概　要
種別	・業務システムパッケージ製品のカスタマイズ＆導入
規模	・ユーザー企業、ベンダー、パートナーなど、あわせて総勢数十名規模 ・要件と開発、テスト全体で約1年の見通し ・予算規模は数億円
フェーズ	・いよいよ正式なキックオフMTGの前夜 ・ユーザー側と開発側の実務的なキーパーソンで、事前にすり合わせ

　コアとなる業務についてはそのソフトウェアがカバーしてきたのですが、対応できる領域には限界があるため、顧客情報の管理やマーケティング、人事など、業務領域ごとに必要な業務システムのSaaS導入を積極的に進めてきました。

　ふと気づくと、大きな問題が発生していました。業務システムの乱立が起きてしまっていたのです。ひとつのプロジェクトを受注すると、営業、営業アシスタント、コンサルタントやエンジニアがチームを組んで案件にあたっていくのですが、売上見込み情報や顧客ニーズ、実際のサービスの仕様やその確認書、付随する請求書や発注書など、情報を登録したり、そこから出力したりという作業が複雑な工程となってしまいました。

　これでは業務のスピードも品質も上がらないので、基幹システムを入れ替え、すべての業務を見直し、新たな時代に対応することになりました。活用できそうな製品を幅広く調査し、いくつかのベンダーに打診をした結果、ひとつの製品に絞り込まれました。

　ここで、企画の推進を担う経営企画部門のメンバーと、パッケージ製品ベンダー側のコンサルタントが作成したミーティング地図が図4-3です。プロジェクト全体としての正式なキックオフ会議前に目線合わせを行うために作成されました。作成者は、パッケージベンダー

■ 図4-3　作例①のミーティング地図

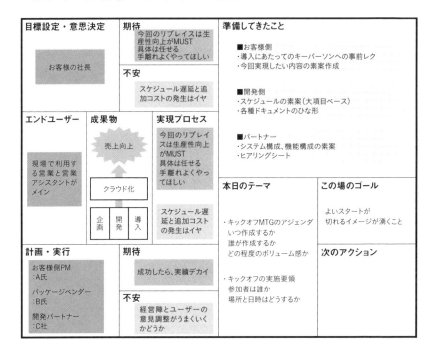

のB氏です。

　内容としては、オーソドックスな記載です。B氏はこの製品導入の経験が豊富で類似の案件を多数成功させてきたので、その知識をもとにおさえるべき点がそつなくカバーされています。

　この目線合わせのメタ会議によって、「目標設定・意思決定」において意外な事実が明らかになりました。最終的な意思決定者は「お客様の社長」とあります。基幹業務システムの入れ替えという大きなイベントにあたって、これは考えるまでもなく当たり前だという意識で作成されたのですが、お客様側のプロジェクトマネージャーのA氏に確認すると、そうではありませんでした。

　もちろん社長は最終的な承認は行うのですが、各論に立ち入るつも

りはなく、実質的には経営企画部門の管掌役員であるＸ氏がキーパーソンなのだと明かされました。

またその期待は「手離れよくやってほしい」ではなく、そのキーパーソンには思いもアイデアも豊富にあるので、むしろ濃密に関わりたいと考えていたのでした。

この**気づきを得たことで、結果的にＢ氏は九死に一生を得る**ことになりました。Ｂ氏にとってお客様の社長は以前から面識があり、どのような提案やコンセプトが受け容れられるかをイメージすることができていました。そのため、キックオフ会議に向けてはそのアジェンダの細部を詰めれば準備万端になると考えていたのです。

それはすべて意思決定者と想定していたお客様の社長に向けたメッセージを中心に構想していました。しかも、手離れのよさを期待されていると認識していたので、顧客からの要望を受けて動くのではなく、ベンダー側からのアイデア提案が満足度につながると考えていました。

このギャップに気づくことがなかった場合、深く関わりたくてアイデアもあるＸ氏のことをないがしろにしたままでキックオフ会議を開催してしまっていたでしょう。

それは、Ｘ氏としては内心面白くない組み立てに映ったはずです。このズレをどこまで問題視するかはＸ氏の性格や心理状態にもよりますが、最初から一番のキーパーソンとして認識され、その意向を大切にするアジェンダであれば、最大の協力者になってくれるはず。

Ａ氏にとっては、Ｘ氏の存在は当たり前。一方のＢ氏にとっては、想定外。最大のキーパーソンを協力者にしてしまうのか、それとも批判者にしてしまうのか。思い込みを正さないまま進行してしまっていたら、理由すらよくわからない摩擦に悩まされ続けるところでした。

② 中規模プロジェクトのキックオフ会議当日

　第2の例は非ITプロジェクトです。ある地方自治体が県下の企業にむけてビジネス講座を提供していて、そのひとつを受託することになった中小企業の社長が主人公です。

　その社長は自治体向けの案件については経験がなかったのですが、事業の幅を広げたいと考えていたなか、偶然、公募情報を目にする機会があり、チャレンジしてみようと思い立ったのでした。

　従来の取り組みとは一線を画するユニークな提案内容でしたが、マンネリを脱却したいと考えていた県側の興味をひくことができ、無事に受注することができました（表4-2）。

■ 表 4 - 2　作 例 ② の ミ ー テ ィ ン グ 地 図 を 作 成 し た 当 時 の 状 況

プロジェクト	概　要
種別	・地方自治体からの受託事業 ・経営者向けDX講座
規模	・期間：半年間 ・講座規模：受講者は数十人
フェーズ	・オンラインで事前に何度か打ち合わせた後での、初の対面会議

　案件を獲得できた喜びもつかのま、すぐに難題に直面してしまいました。最大の課題は、その県には地縁も血縁もなく、地理的にも離れていたため、企画の大枠としては最低限の要件を満たしたものにはできていても、本当にその県下の企業が抱えている課題について一次情報やリアリティをもつことができていなかったのです。

　正式な契約の締結後、県の担当者と週に一度のオンラインミーティングで意見交換を進めており、根本的な部分での問題がないことは確

認していました。

　しかし、プログラムにおける課題設定がうまくいっているのか、ま
たプロモーションにあたって打ち出そうとしているメッセージやテイ
ストが受講者にとって受け入れやすいものになっているか、不安を抱
えていました。

　図4-4はそのような状況下で、現地の講座会場の下見の目的で出張
し現地を訪れて、初めて対面しての会議を実施したときに提示したも
のでした。

■ 図4-4　作例②のミーティング地図

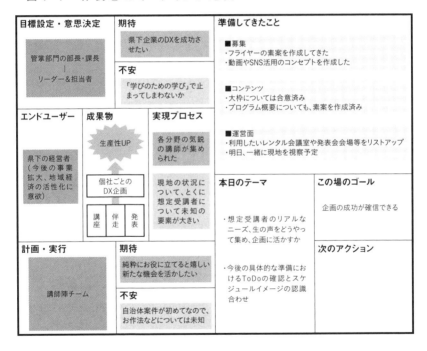

　この会議での一番の収穫は、一番大事だと思っていた**問題認識が発
注者側と受注者側の両方にとって深く一致していた**と確認できたこと
でした。

このミーティング地図で一番大事だった記述は、「実現プロセス」の「とくに想定受講者について未知の要素が大きい」との言葉でした。

　そもそもどんなプロジェクトでも、エンドユーザーの像が不明瞭なままで価値を提供することはできません。本企画はその性質上、受講者である県下の経営者の問題意識をしっかり認識し、またそれによって信頼を獲得することは必須です。

　ただし、この問題が最大の優先事項だととらえるのかどうかは、そのプロジェクトのおかれた状況や関係者の意識状況によって左右されます。

　「エンドユーザーについて深く理解するために掘り下げる」というテーマがいかに重要とはいえ、スケジュールに余裕があるか、すでに獲得された情報があるか、そもそも現実的にできる施策があるかなど、そのときどきの状況によってできることは変わります。

　このプロジェクトの場合、双方にとって初めての案件であり、この問題に対してどの程度のアプローチができるのか、先を読むのが困難な状況でした。

　このときミーティング地図を提示したことで得られた最大の恩恵は自治体側の担当者がひと目この図を見たときに「あ、まさしく私たちもここが一番大事だと思っていました」と第一声で共感の声を発してくれたことでした。

　結果、短いミーティングで討議するべき事項も多数あったなかで、重点的に受講者の一次情報を得るための手段について十分に議論することができました。

　急遽、その出張の旅程のなかで想定受講者にインタビューする機会を得られるなど、思った以上の収穫を得ることにもつながったのでした。

小規模プロジェクトのメタ会議

作例①と②は受託型の例でしたが、最後は自主的な新規事業開発の事例となります（表4-3）。成長中で今後中期的には上場も視野に入れているベンチャー企業が、既存事業とは切り口を変えた新規事業を生み出そうとしています。

既存事業はIT開発の受託が中心です。誠実な開発姿勢が評価され、顧客を拡大してきました。年商は約8億円、社員数は約50名です。

■ 表 4 - 3　作 例 ③ の ミ ー テ ィ ン グ 地 図 を 作 成 し た 当 時 の 状 況

プロジェクト	概　要
種別	・自社事業の立ち上げ ・まずは少人数でアイデアをプロトタイプしてみるフェーズ
規模	・予算規模：ほぼなし（手弁当） ・スケジュール：未定
フェーズ	・初回のプロトタイプを各自が検証した後の、今後どうするかを相談する会議

経営者は、受託中心のビジネスモデルから自社製品をパッケージ提供することで経営を安定させたいと考えています。量産可能なビジネスに転換することで、今後さらに企業を成長させて、従業員の活躍の場を増やしたい、給与などの処遇も改善していきたいと考えています。

活用できる資産には、数多くの開発経験から得た開発手法への知見があります。また蓄積してきた利益を原資として初期開発に予算をつけることができます。

問題は、実現したい事業の大枠がある一方で、それを**具現化するた**

めの具体的なビジネスアイデアが固まっていないことでした。多忙ゆえにアイデアを実際に掘り下げる時間を十分にとれません。また、新たな事業には若い感性も活かす必要があるのではないかという思いもあります。

　こうした背景から、社員のなかから将来有望な２名を抜擢し、この新規事業開発プロジェクトに協力してもらうことになりました。２人もまた新たなチャレンジには意欲的でしたが、既存事業における重要なプレーヤーでもあったため、あくまで兼務ということになりました。

　図4-5は、そんな３人が具体的な活動を展開しはじめて数ヶ月が経った頃のミーティング地図です。作成者は社長自身。このプロジェクトの責任者として「自分にはこう見えている」という現状を表現し

■ 図 4 - 5　作例 ③ のミーティング地図

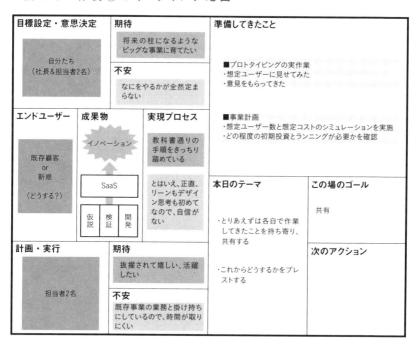

たものです。

　この場で明らかになったのは、「社長」と「担当者2名」の役割認識のギャップでした。社長が2人の担当者に期待していたのは、新規事業の根本から自由闊達にアイデアを出すことでした。

　そのためエンドユーザーの欄にもあえて結論を記載することはしませんでした。また、ミーティングのテーマも「共有」「ブレスト」と、明確にゴールを定めるのではなく柔軟に議論が展開できるような言葉を記載していました。

　これを見た2人の担当者の意見は、予想外のものでした。既存事業の業務と掛けもちしており、時間がとりにくいことに加えて、与えられたお題が漠然としているために、新規事業の開発手法の勉強に意識が偏ってしまい、実質的な企画や検証に時間が向けられていなかったのでした。

　加えて、エンドユーザーをどこにターゲット設定するのかや今後の方針について丸投げされても、具体的になにをどうやって決断していいかがわからない。この新規事業企画が進むべき方向をもっと明確に示して欲しい、と訴えたのでした。

　2人は抜擢されてさぞかし張り切っていることだろう、活躍したくてモチベーションも高いのだろうと想像していた社長にとっては、これは予期せぬ反応でした。

　自分自身が会社を創業しパワフルかつアイデア豊富に事業を切り拓いてきたため、担当者の2人に対しても行動の自由を提供するのが最善だと考えてきたのです。

　予算についても、いまはつけてはおらず手弁当的に始めてはいるものの、2人が必要だと求めてくれたら柔軟に決裁するつもりで、提案を待っていました。

　しかし、受託プロジェクトの業務も多忙ななかで、いつのまにかす

れ違いが発生し、作業も意思決定も滞ってしまっていたことが明らか
になったのでした。

　今後、2人にどこまでの役割を期待するかは、この日のミーティン
グでは結論には至りませんでしたが、社長が一度もち帰り、今後の方
向性を示すことが必要だとの合意を得ることができました。

 # ミーティング地図の活用法

　改めて、作例①～③におけるミーティング地図の効用を整理し、
振り返ってみましょう。各事例においてミーティング地図によって生
まれたメリットを整理します。

■ 表4-4　ミーティング地図によって生まれたメリット

作例	メリット
①	顧客の意思決定ライン上の想定外の人物に気づくことで無用の摩擦を避けることができた
②	深いレベルでの問題意識が一致していることに気づくことができたため、必要なアクションについての議論に時間を割くことができた
③	モチベーション高く進めてもらっていると思っていたら、実は停滞していたという事実と、その理由に気づくことができた

　大切なポイントは、多岐にわたる問題のなかで伏在化してしまって
いた重要な問題に対話の機会を生み出すことができたことです。自分
が見ている大局観をミーティング地図の形で表現し、重要な関係者に
提示することにより、ギャップに気づくことができ、向き合うべき本
当のテーマを発見し、合意することができたのでした。

この「いま向き合うべき本当のテーマはなにか」こそが、プロジェクトを前進させるために鍵となる思考の原点です。ミーティング地図は、自分からはこういうふうに見えていますよ、という整理を示したものです。なぜその整理をするのか。テーマがなにかを見つける議論を開始するためです。自分のなかで整理した内容を他の関係者の目にさらして、互いの認識のどこにギャップがあるのかを見つけていきます。

　筆者自身、大きなプロジェクトではまずこの形式で情報を整理してから重要な関係者に見せることを実践しています。プロジェクト進行支援家として、状況を読むことについては自信があるつもりなのですが、実際にミーティング地図を使ってみると、驚くほど認識の不足や齟齬があることに気づかされます。

　クライアントの業務システム導入の案件で、当たり前のように意思決定者は先方の社長かと思っていたら、実はそうではなくて真のキーパーソンは管掌役員だった、といった作例①は、まさに典型的なものです。

　こうした勘違いは無意識にあるすれ違いなので、あえて議論の俎上に乗りづらく、話し合われることもなく、誤解に気づかずに進行してしまうことになります。そしてその誤解に気づくのは、多くの時間やコストをかけて後戻りできなくなった局面です。

　そうした事故が軽傷で済めばよいですが、ときとして致命的なエラーや大いなる無駄につながってしまうこともあります。相手の期待と不安が十分にわかっていない状態で、勘違いしたニーズに向けてする準備は、徒労に終わることが多いものです。

　意外なほどに、相手の期待と不安がどういうものなのかを聞く機会もないですし、相手にそれを伝える機会もありませんので、こうした徒労は見えない場所で数多く発生しています。

もっといえば、エンドユーザーが誰なのか、どういう過程でなんのために成果物を生み出そうとしているのか、こうした**大局観について知らず知らずのうちに誤解を重ねてしまうのが人間の性**であり、その誤解によって未来のムリ、ムダ、ムラが生じるのです。

以上がミーティング地図を活用する目的です。これを受け、より具体的にどのようなシーンでどういった活用法があるかを紹介します。

活用法 (1) 自分の頭を整理するためにつくる

もっとも単純な使い方は「自分の頭を整理するために、ひとりで作成し、ひとりで活用する」です。

そもそもきちんと立ち止まってミーティング地図を埋めていくだけでも、無意識のうちに狭まっていた視界を広げることができます。そのうえで導出したアジェンダをもとに会議資料を用意してから打ち合わせに臨む、という活用法でも効果は得られます。

会議にむけてなにを準備すればよいか、どのような意気込みで臨むとちょうどよいか。自分自身のなかでコンディションを整えるのに適しています。

活用法 (2) 会議の冒頭で認識を合わせる

自分の主観の世界から一歩外に飛び出して、ミーティング地図を他者の目にさらすと、その効果が倍増するのは先述した通りです。理想の使い方は、会議の冒頭で示してギャップを発見し認識を合わせていくことです。

相手がミーティング地図を知らなくても、また会議に臨むにあたっ

てあまり準備が整っていなかったとしても、まずはこの形式で大局観を合わせていくだけで、その場でどんな話し合いが必要なのかが自然と明快になっていきます。

一番効果があるのは、形式会議としてのキックオフ会議です。プロジェクターやオンラインミーティングツールの画面共有機能で投影し、内容を読み上げていくだけで「あ、ここはちょっと認識違います」とか「まさにここが問題だと思っていました。ぜひ、今日この場で話したいです」などの反応が得られることでしょう。

そうしたフィードバックがあれば「本日のテーマ」の欄に追記したり、あるいはミーティング地図上の記載を修正したりしながら話を進めていくことができます。

そもそも会議に先立って、自分の期待と不安も含めてここまで情報を整理すること自体が、相手にとっては嬉しく、気分がよいものです。相手のことを大切に考え、これからにむけて真面目に考えている姿勢が信頼関係の基礎になります。

活用法
（3）関係者みんなで一緒につくる

大規模プロジェクトで会議やドキュメントの形式があらかじめ指定されている状況では、偉い方々もたくさんいたりするなかで相手にとって見慣れないものを使うのはさすがに少々リスキーだとか、その組織で指定されたフォーマットを逸脱した手法は歓迎されないときもあるかと思います。

そんなときは、正式なキックオフ会議や定例会議を滞りなく開催するための、非公式の担当者同士の下打ち合わせの場で、ミーティング地図を使ってみるのをおすすめします。最終的にどんなアジェンダで当日を進行するのか、そのためにどんな準備が必要なのかを、実務レ

ベルで詰めていくのにも役立ちます。

　関連する各社のリーダーが集まり、みんなで一緒にミーティング地図をつくることで認識を合わせ、必要なアクションを整理していけば、当日にむけて必要十分な準備が整っていきます。

（4）上司と部下の意思疎通を助ける

　最後にすこし別の角度での活用方法を解説します。会社のなかで上司と部下の関係改善に役立ちます。次の状況で、ミーティング地図は意思疎通を助けてくれます。

- **上司は経験豊富で適切に会議の準備や当日の進行ができる**
- **今後はその役割を部下に委任していきたい**
- **上司は忙しくて指導に時間をとりづらく、ノウハウをうまく伝承できずに困っている**

　プロジェクト会議の準備、開催、事後対応とは、すべてが一連のプロセスとしてつながっていて、無意識のなかでなにが必要か、不要かを瞬時に判断しながら進めていくものです。

　「自分はそんなに意識せずともなんとなく全体的にうまく進められるけれど、いざ人に教えようとすると難しい」という悩みも多いのではないでしょうか。

　連想するのは、野球のバッティングやゴルフのスイングの習得です。「こう、ボールがきたら、パッと打ち返すんだ」といったようなあいまいで抽象的な説明を聞いても、教わるほうはなにをどう参考にしたらよいかよくわからない。

　プロジェクト進行のノウハウ全般にいえますが、多変数のものごと

を同時に最適化しなければならず、個別の事象ごとの例外が多いためマニュアル化も難しく、そのノウハウは暗黙知の世界に閉ざされてしまいがちです。

　よくあるのは、部下が用意した資料を会議の前日にチェックしたら修正ばかりで、結局ゼロからつくり直しに近いことになってしまい、互いに残念な思いをしてしまうケースです。

　そんな場合に、ミーティング地図はコミュニケーションを楽にしてくれます。まずは部下にミーティング地図を書いてもらい、どこの認識がどう食い違っているのかを上司が確認する。すると、具体的な会議資料そのものを修正したり、一から十まで会議の流れを説明したりするなどの手間を省いて、事前に有効なアドバイスをすることができます。

　「大事なポイントはどこか」「現在のプロジェクトの局面においてなにを意識するとよいか」「資料はどこを修正したらよいか」など、必要最低限の情報で軌道修正できるようになります。

ミーティング地図の効用

　以上、プロジェクトにおける会議の進行を必要最低限の手間で整えるフレームワーク「ミーティング地図」の具体的な説明をしてきました。

　細かい話もしてしまいましたが、あまり難しい理屈を意識しなくても、まずは各領域を素直に書いていけば、使い勝手を実感していただけると思います。本章のまとめとして、ミーティング地図の効用を整理します。

効用 ① すれ違いを事前に防止

　1点目は「まさかのすれ違いを事前に防止できる」ことです。これまでの説明でも触れましたが、人間、どんなに相手のことやいまから取り組もうとしていることを理解したつもりであっても、意外なところで認識のズレが潜んでいます。それはあえてとり出して確認をしないと、そもそもズレがあることに気づきすらしないのです。

　プロジェクトにおいて、最初から全体像が見えていることはなく、つねに部分的な情報から全体像を類推することしかできません。人間は、目に見えていない情報は無意識のうちに補完しながら生きていますが、多くの場合、過去の経験からの補完を行っています。

　このとき、**人は往々にして自分に都合のよいように解釈する**ものです。結果として実態とかけ離れた認識が生まれてしまい、それに気づかぬまま、行くべきではない方向に走り始めてしまう。解決不能なこみいった問題に発展してから対処しても、時すでに遅し、という状況もしばしばあります。

　誰も望まないトラブル、どうしてこうなったとしかいいようのない悲劇的な（あるいは喜劇的な）状況に至る前に、それを予防することは、プロジェクトの進行において大変に重要な配慮であるといえるでしょう。

効用 ② 気軽に書ける

　2点目の効用は「正しいこと、賢いことを無理して書かなくてもよいのでわりと簡単に活用できる」ことです。

　そもそもビジネスフレームワークには、過去の先人の叡智によって

磨き込まれた素晴らしい概念を正しく理解し、正しく使いこなすことで威力を発揮するというような、ある種のビジネスマッチョな価値観があるように感じます。

前例のないプロジェクトにおいては「正しくあらねばならない」「間違えてはいけない」という思い込みがそもそも間違いの始まりですので、そうした「正しいこと」「間違えないこと」を第一とする価値観とは、距離を置くことをおすすめします。

第2章でも申し上げたとおり、全体像を見えている人が存在しない局面では、原理的にそもそも間違いも正解も誰も確定できないのです。

ただし、各人の見えている状況をもち寄って手際よく認識を揃えると、自分たちにとって「明らかにそちらにいっても無駄だ」「そんなことは無理だ」という現実は見えてきます。その共通認識をもとに、次に向かうべき目標地点はここだよねと、互いに腹をくくって進んでいくことはとても大事です。

ミーティング地図は、会議の司会進行をする人がたとえ未熟であったり、知識や経験が不足していたりしても、周りが助けてくれやすいフレームワークです。

記入者がどこに困っているか、なにが見えていないのかがわかるので、周囲も手を差し伸べることが簡単になるのです。自信をもちにくいときこそ、思い切って、使ってみてください。

効用 ③ 邪悪な会議をなくす

3点目の効用は「邪悪な会議をなくす」です。

人間誰しも単純素朴に目の前の人の役に立ちたいし、プロジェクトの成功のために努力もしたい、貢献もしたいと思うものです。しか

し、プロジェクトや会議の運営が難しいせいで組織的な連携の不具合が生まれてしまう。結果、当初の思いが果たされないことが多い。

　本書は基本的な立場として、そのような性善説的世界観に立脚していますが、実際の社会では「自分の都合を優先して嘘や嘘に近いことを伝える」「立場を利用して理不尽な要求を突きつける」など、客観的にさすがにそれはどうかと思う行動をとる人もいます。

　そのような人が開催する自己中心的な会議や、都合の悪いことをごまかそうとする会議、利己的な発想で結論を強要しようとする会議もときどきみられます。そうした会議が、いろんな意味で問題の発生源になってしまうこともあります。

　ミーティング地図は、たとえそうした少々問題がある人に対しても、その人も含めて個人個人の主観的な利害を否定せずに、かつ関係者全員の共通善がなにかを導き出す機能があります。

　人と人との直接対決のような構図になると、本来のプロジェクトとは少し意味合いの違った関係性の問題になってしまいますが、こうした**ツールを介在させることで、穏便かつ的確に、問題が解消する**ことが期待できます。

認知科学に「わかり合い方」の ヒントを得る

　作家の村上春樹氏はデビュー作『風の歌を聴け』(講談社) の冒頭で「完璧な文章などといったものは存在しない。」と書きました。文学作品の言葉ですが、まさにプロジェクト会議の場においても言葉の力の限界をしばしば痛感します。

　たとえば「その作業はいつまでに完了する見通しですか？」という単純な質問について考えます。話し手は単純に完了期日を知りたいだけだったとしても、聞き手にとってそう聞こえるかどうかは別問題です。話し手が意図しない言外の意味を聞き手が受けとってしまうことは、私たちの日常においてしばしば発生します。

　納期が切迫している場合、聞き手はまず「早く終わらせて欲しい」という言外の要望もあわせて伝えていると反射的に考えてしまうかもしれません。関係性が悪い状態だと、聞き手の想像が広がりすぎてしまって「すでに完了していないあなたは無能だ」と叱責をされていると感じてしまうかもしれません。

　無用の誤解を避けるために、話し手はどう振る舞うべきでしょうか。単純に考えると、たとえば以下のように伝える情報を増やして正確性を高めるとよさそうな気がします。

　「スケジュールは切迫しているが、この質問を通して私はあなたを責めようとはしていない。むしろここまで頑張ってくれたことに感謝している。当面の作業については、焦って品質の悪いものを出すほうが危険なので、十分慎重に作業して欲しい。

　以上の前提で、現実味のある完了期日の見通しを知りたい。多分明日には終わると思っているのだけれど、誤解はないだろうか。来週、とか

いわれるとさすがに困るけれど、2、3日かかるのであればお客さんにも一応伝えておけば問題なく調整できる。現状を知りたいだけなので、無用の忖度をせずに実際のところを教えて欲しい」。

　必要な情報が並べられているかもしれませんが、こんなに長々と話が続くと「話が長い人だなぁ」「結局なにがいいたいんだろう？」「なにか後ろめたいことでもあるのだろうか」など、聞き手はあらぬことを考えてしまうかもしれません。

　発話とは、**ストレート過ぎても詳細にすぎても、誤解を生み出してしまう**恐れがあります。伝えたいことを過不足なく伝えるためには、ただ言葉にすればいいのではなく、それを適切な文脈のうえで提供する必要があります。話しぶりや態度、タイミングといった身体的な情報も大きな要素となります。

　認知科学の世界では、コミュニケーションにおける丁寧さや誤解が発生する過程を説明する「ポライトネス理論」が提唱されています。この理論では、ある行為（発話や行動）が相手の顔をつぶす危険度は以下3つの要素の足し合わせで決まると説明しています（参考文献：時本真吾『あいまいな会話はなぜ成立するのか』（岩波書店））。

- **話し手と聞き手がどの程度親しいか**
- **話し手は聞き手にとって社会的な力関係のうえでどの程度上位か**
- **その社会において、その行為はどの程度大事で深刻なのか**

　人間同士のコミュニケーションは、その社会通念として認められている文化やルールに従うことが礼儀正しいとされますが、四六時中その範疇に収まっている人間はときに堅苦しさを相手に与えてしまいます。
　逆に、禁忌とされていることをあえて破って諧謔的に演じ、共感や親

密さを生み出すきっかけにする、ということもあります。もちろんこれは行き過ぎがあったり、文脈を間違えたりしてしまうと大きな問題となる恐れがありますが、その境界線上のギリギリのところで発生する交流にこそ、関係性の本質があらわれるのも事実です。

　いつ何時でも慇懃丁重な明智光秀は主君である織田信長の不興を買ってしまい、当意即妙の受け答えが特意な羽柴秀吉は絶妙な距離感を保っていた、という歴史的なエピソードも連想します。

　世の中には、こうした機微や言葉のあやを用いた高度なコミュニケーション自体を好み楽しむ人もいますが、人間関係の煩わしさを強く感じてストレスになってしまう人もいます。もともとの資質や性格だけではなく、体調や精神状態といったコンディションによって、あるいはその場の文化的な相性によっても大きく左右されます。

　プロジェクト会議とは、対話によって人と人との関係性を再構築する場です。感情を害するリスクを承知のうえで、あえて直接的に諫言するのか。和を保つことを重視して婉曲的に表現し、相手の気づきを待つのか。

　プロジェクト会議の面白くもあり、難しくもある側面です。

第 5 章

プロジェクト会議を
運営するコツ

「全部おれが指揮してやるんだ」などと思って棒を振っていると、オーケストラは力を発揮できません。

小松長生（音楽家・指揮者）　『リーダーシップは『第九』に学べ』（日本経済新聞出版）より

理想のプロジェクト会議を開催するためのツール「ミーティング地図」は認識のギャップを発見するためのものでした。「最初から正しく記入していく」必要がないので、誰でも気軽に活用できます。

とはいえ、ひとくちにプロジェクトリーダーやプロジェクトマネージャといっても、その人の置かれた状況は千差万別であることもまた事実です。

ツールをただ表面的になぞるだけでなく、具体的な適用例についての知見をもとに応用することでその効果は倍増します。
本章では実際のプロジェクトやプロジェクト会議を運営するにあたって、より具体的なケースをもとに注意事項やポイントを紹介します。

この章では、プロジェクトにかかわる人々が果たすべき機能について一段階深く考察し、プロジェクトリーダーが担う具体的な状況ごとに、プロジェクト会議の運営のコツを解説します。ご自身の状況に照らし合わせて読み進めてください。

プロジェクトでの「役割」は
単なる「配役」ではない

これまで「プロジェクト会議の演出家」という言葉を使って、関係者たちに本来の役割の認識を促す人の必要性を解説しました。しかし、肝心のその中身が一体どんなものかについては、あまり掘り下げてきませんでした。

改めて、問うてみたいと思います。プロジェクトにおける「役割」とは、一体どんなものがあるでしょうか？

世の中には、プロジェクトマネージャーとよばれる役割をはじめとして、ディレクター、チームリーダー、事務局、スポンサー、エンジニア、デザイナー、オブザーバー、スポンサー、オーナーなど、外形的に定義されるさまざまな役割があります。

また、たとえばアジャイルの潮流のなかではスクラムマスター、事業開発の文脈ではフルスタックエンジニアなど、新しい役割についての用語も次々と提唱されています。

ここに挙げた役割は「ポジション」といい換えることができます。そしてこれらは、本書でいう「役割」とは少々意味あいが異なるのです。

ポジションを指して「あなたは○○の役割なのだから、もっと○○らしく振る舞ってほしい。○○としての責務を果たしてほしい」などとは、いわれなくてもわかっている話ですし、こういうことをいえばたちどころに相手がなにかを悟って行動が変わる、なんてことはありません。

ポジションではなく
機能を認識してもらう

　プロジェクト会議の演出家が関係者に働きかけ、認識を促さなければならないのは、会社の役職やチーム内でのポジションといったものではなく、チームにおいて果たすべき「機能」のことです。つまりその人にどんな行動を通してどのような貢献をしてほしいのかです（以下、外形的な役割をポジション、実質的に果たすべき役割を機能とよびます）。

　たとえば「オブザーバー」といっても「助言はするけど手を出さない」のか、「基本的には手を動かさないが、ここぞというときは積極的に動く」のかでは全然違います。オブザーバーという言葉の理解自体が、それを依頼する人とされる人との間で無意識のうちに食い違ってしまっていることも多々あります。

　「あなたの役割はオブザーバーです」といったような紋切り型のポジション名では表現しきれない機微のほうが、むしろ大事なのです。こうした機微は、プロジェクトにおいては無数のバリエーションが存在します。それのみならず、ひとつのプロジェクトのなかでずっと同じ役割を担い続けることはなく、時間の流れとともに変化していくものです。

　たとえば「最初は主力実行部隊としての役割を担っていたけれど、局面が進んで若手が成長してきたので前線はゆずり、今度はその後方支援に回る」といったように、重心や力点は状況に応じて微妙にずれていきます。

　この話はサッカーにおけるポジションの概念に似ています。フォワードやミッドフィルダーなどのもち場についての定義はありますが、ボールがどこにあるかや試合の流れによって、時々刻々と選手たちの立つべき位置や果たすべき機能は変わっていきます。

自分はフォワードだから前線でシュートを決めるだけだ、だからパスを待っているだけ、では済まされないのです。優れたプレーヤーは、たとえボールをもっていなくても相手チームの選手にプレッシャーをかけたり、パスを出しやすい場所に走り込んだり、そのときそのときで局面を好転させるためになにかしらの役割を担い、演じるものです。

　プロジェクトもこれとまったく同じで、外形的に定義され与えられたポジションに縛られていると、本来果たすべき機能を果たすことはおぼつきません（図5-1）。

■ 図 5 - 1　役 割 認 識 に お け る 望 ま し く な い 姿 と あ り た い 姿

望ましくない姿	ありたい姿
関係者たちが自分の果たすべき実質的な役割を認識していない。	それぞれが主体的に自分の役割を見出し、ミッションをリードしている。 時にはぶつかり合いながらも、助け合い、連携しながらプロジェクトを前進させている。

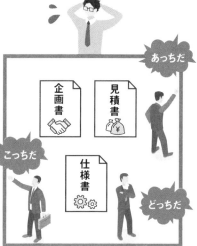

プロジェクト推進者の立ち位置は 8タイプに分類される

　個々の関係者が自分の機能と責任範囲について明瞭に意識していて、かつそれがチーム全体として噛み合っているときに初めて、チームはチームとして動くことができます。

　サッカーでも、各々の守備範囲が互いに連携しつつ最大限に広がっていたら、ボールをとりこぼすこともなく確実に自陣を守れます。またそれが迅速な攻めにもつながります。これが逆だと、あっという間に相手のチームに主導権を渡してしまいます。

　チームが理想的な連携を発揮するために、外形的な役割の定義は「ないと不便」ではありますが、そこにとらわれすぎるとチャンスを逃しがちな、決定力不足の問題に悩まされることになります。

プロジェクトにかかわる人々が担う3つの機能

　では、プロジェクトにかかわる人々が担う役割の本質＝機能とはなにか。その根本的な要素は次の3つしかありません。

- **決定する**
- **主導する**
- **実行する**

　「決定する」とは目の前にある選択肢の中から、どれを採用するかを決めることです。いま起きている状況全体をひとつの局面として俯瞰・評価し、課題を見極める。次に向かうべき目標とそれを実現する

ための方針を意思決定するのが、果たすべき機能の内実です。

　「主導する」は、決定された意思を叶えるために、主体的に個々の状況を見極め、整えるという意味です。それは選択肢を理解し実現のために動くだけでなく、構想し、提案し、説得することも含まれます。実行に移すにあたって、必要な材料は足りているのか。どこかにリスクはないか。実行したあとのアクションはどうするか。主体的に先を読み、実務を担う人たちに働きかけます。

　「実行する」は読んで字の如しで、実際にボールに触れて物事そのものを動かすことを意味します。選ばれた選択肢を実現する、といい換えることもできます。

　サッカーの試合ではボールは1個しかありませんが、プロジェクトの現場では、ボールはいくらでもわき出てきます。またサッカーではボールは明確な物体として見失うことはありませんが、プロジェクトでは見逃すとか見失うといったことはしばしばあります。

　かかわる人のそれぞれがこの3つの要素をある程度の濃淡をもって担っている。これが、プロジェクトにおける関係性の基本構造です。

　プロジェクトを統率、管理し前に進める責任を担う人を通常プロジェクトリーダーやマネージャとよびますが、考えてみるとそのチームや組織、現場によって、その人が担う内実はさまざまです。大きな方針についての意思決定に特化することもあれば、最前線の実務も担当するリーダーもいます。

　プロジェクト推進者とは、そのときの状況によってもっとも柔軟に役割を調整し必要なアクションをとる必要があり、一般論として「こうあるべき」と固定化されることはできません。

　むしろ逆に、そのときの環境や状況に応じて柔軟に自らの果たす機能を変容させて、チーム全体に前進をもたらすのが優れた推進者であるともいえます。

プロジェクトリーダーのポジションを
8つのタイプに分ける

　ここからは、プロジェクトマネージャ自身がその置かれたポジションにおいて「決定」「主導」「実行」の3つの各要素に対して、実質的な力を行使するか、しないかの2通りを想定し、全部で8タイプにわけて、プロジェクト進行のうえでもつべき意識ととるべき行動を考えていきます。

　たとえば、ポジション上は決定権も主導権も実行力ももたないけれど、プロジェクトの進行に関与しチームに貢献するとしたらそれは「控えめ秘書」だというふうに、それぞれのタイプについて命名をしています（表5-1）。早速、具体例を見てみましょう。

■ 表5-1　プロジェクトリーダーのポジション8タイプ

タイプ	決定権	主導権	実行力
控えめ秘書	×	×	×
孤高の承認者	○	×	×
ザ・中間管理職	×	○	×
専門家・外部パートナー	×	×	○
最前線キャプテン	×	○	○
でしゃばり王様	○	×	○
歴戦の名将	○	○	×
万能イノベーター	○	○	○

控えめ秘書
決定権✕　主導権✕　実行力✕

　決定権も主導権も実行力ももたないけれど、プロジェクトメンバーの一員であり、プロジェクトやその会議の進行に寄与するポジションを「控えめ秘書」とよびます。

　新卒で入社したばかりの社員がとりあえずチームに加えられた状況が連想しやすいでしょう。右も左も分からないけど、とにかく先輩に付いて議事録をとってみたり、会議のタイムキーパーを任されたりします。そんな経験がある人も多いでしょう。

　プロジェクトマネジメントの用語では「PMO（プロジェクトマネジメントオフィス）」とよばれる間接的な支援者もこのタイプに当てはまります。

　控えめ秘書は、外形的には実務のうえでとくに重要な役割は与えられていないポジションであり、全体の進行にさほど大きな影響力をもたないように見えます。

　目標設定や意思決定をする権限もなく実務の場で主導する、あるいは実際に作業に携わって具体的に状況に影響を与えられない人。未経験の業種、業態のプロジェクトのため、土地勘のない人。

　こうした立場からプロジェクトに対して影響を与えるのは、極めて困難で不可能な話に見えます。しかし実は、控えめ秘書のポジションは「意識的なプロジェクト会議の演出家」であることにおいてむしろ好都合なのです。

　専門知識も行動力もなく、ましてや権限もないのにどうすればいいのかと思うかもしれません。その答えは、**徹底的に議論の可視化に貢献する**です。

　話し合われている成果物や技術、ビジネスなどの具体的な内容がち

んぷんかんぷんでも、問題ありません。発言した内容を目に見える形でただひたすら記述していく。それだけで大丈夫です。みんなが話し合っていることをとにかく文字や絵図にして、客観的にみんなが同じ様に見て理解できるものにしていくのです。

その議論の結論やアイデアに貢献する必要はありません。いま、どんなギャップが生まれているのか。どの問題を優先すべきか。選択肢はいくつあって、見通しはどうか。選択する方針はどれで、次になにをするか。

徹底的に「議論や思考を可視化する」ことにだけ徹していると、具体的な権限をもって人に指示しなくても、チームの各メンバーは自分の役割を認識して自発的に行動をとってくれます。専門的な知識や経験がなくても、メンバー同士の議論がかみあい、素晴らしいアイデアが次々と生まれます。つまり、自ら表立ってリーダーシップを発揮せずとも、メンバー同士の思考をつなげ、自発性を引き出し有効な行動を促す。こうしたかかわり方も立派なリーダーシップだといえるでしょう。

議論の内容をただただ可視化することだけに徹するというシンプルな役割を担うだけで、当初は専門性もなく何の実行力も権限もなくても、いつの間にかチームを前進させる拠点としての自分自身を発見することができます。

その案件についての知識が少なく、権限も渡されていない状態だと「プロジェクト会議の演出家」になるなんて、別世界のことのように感じるかもしれませんが、意外とそんなことはありません。

タイプ 2 孤高の承認者
決定権○　主導権×　実行力×

「孤高の承認者」は、決定権のみがあり、主導権と実行力はもってい

ないポジションです。例を挙げると会社の役職でいえば社長や株主、あるいは管理職などの立場にあって現場からは退いている。けれども、最終的な責任は担っている状態です。プロジェクトマネジメント用語でいえば「プロジェクトオーナー」の役割を担っている人を指します。

　孤高の承認者のポジションにある人がプロジェクト会議を主催したときに陥りやすい失敗は、「自分が決定する」という行為がそのまま「それが実現する未来」を招くことに直結すると勘違いしてしまうことです。

　決定権があればプロジェクトに対して大きな影響力を与えられそうにも思えますが、意外とそんなことはありません。決定権「しか」もたない立場は、むしろ非常に不利なものです。

　なぜならその人は「どの選択肢を選択するか」という意思決定の前提を自らつくり出すことができないからです。あくまでも他者から与えられたもののなかからしか選ぶことはできません。

　有望な選択肢を与えてくれる有能なチームであれば、これほど楽な話はないのですが、世の中そんなに簡単ではありません。最終的には物事は、主導権を握って実務をこなす人の立場によって実現されるものなので、決定権だけを振りかざしても、自分の利害を満たせるわけではないのです。

　決定権だけをもつ立場の人は、実務を主導したり、実務そのものに携わって影響力を発揮したりすることができないため、実際に意思決定に至る前の段階では「気持ちを表明する」ことでしか、プロジェクトに影響を与えることができません。

　プロジェクトがのっぴきならない困難に直面したあとに会議の場でそれを表明しても、具体的に事態を改善することには貢献できないのです。まさに「お気持ち発散会議」そのものです。

ではそんな立場にあって、どんなふうに振る舞うことができれば「チーム全体と個人個人の調和」に貢献し、プロジェクトが前向きに進むように働きかけられるでしょうか。

　優先的にアプローチすべきは「主導する人」とのメタ会議です。主導する人がそのプロジェクトにかかわる動機はなんなのか、どのような利害と狙いがあって動いているのか。そこへの洞察が甘いと、どんな意思疎通も空振りに終わってしまいます。

　自らが期待する選択肢を、そもそもメンバーたちが生み出してくれるかどうかは、主導する人にかかっています。いくら決定権があっても選択肢がなければ、選ぶことができません。そして、選択肢を生み出す力の源泉は、やはり現場であり最前線のメンバーにあります。ですので、最前線の生の情報が入ってきやすい状態を普段から整えておくことも大切にしたいところです。

タイプ 3　ザ・中間管理職
決定権×　主導権○　実行力×

　決定権と実行力がなく、主導権だけを任された状態は「ザ・中間管理職」のポジションです。すべての板挟みにあって一番ストレスフルな立場といえるかもしれません。会社のなかでいえば、現場で実績と勲功を挙げた人が昇進し、後進の指導を任されるのがその典型的パターンです。

　プロジェクト単位のポジションの一例としては、数十名を超える規模のチームのなかで、個別の中間成果物の進行管理だけを任されたパートリーダーなどが該当します。

　ザ・中間管理職にとって大変に難しいのが「自分で決めることも、自ら手を下すことも許されない」という縛りです。もともと有能であるからこそこの立場に立っているわけでもあり、発生する事象のほと

んどが、「自分がやった方が100倍早い」と感じることばかりだったりします。

　さらに踏み込んでいうと、昨今の社会環境ではこうした立場の人はあるプロジェクトでは主導することを任されつつ、別のプロジェクトを兼任して、そこではプレーヤーも任されるプレイングマネージャーであることも多いです。

　主導権を渡された人は、実質的な成果への責任をもたされることがセットになることも多く、ストレスのかかりやすい非常につらい状況でもあります。

　あれもこれも、自分の理想通りのアウトプットが出せるように東奔西走する人も多いですが、これでは失敗への入り口に足を踏み入れてしまう恐れがあります。こうした行動をとっても自分ではこなせない数のボールを引き受けてしまい、自ら渋滞を引き起こしてしまうだけなのです。

　では、どうすればよいか。対策の一つとしては、**「リスク発信」に軸足を置く**ことです。一つひとつの作業や責任を背負ってしまうと、いくら時間があっても足りなくなってしまいます。実務は実務の人に任せ、意思決定は意思決定の人に任せることに徹することでこそ、「主導」の機能を果たすことができます。

　そのためには、周囲の関係者から「大局が見えている」「危ないことがあったら助言してくれる」「意思決定や実行などの面白い部分はやりたいように任せてくれる」という信頼を獲得するのが有効です。

　実務も意思決定も任せて、それで責任だけはもたないといけないなんて一番損な役回りともいえますが、それでもやはりそのポジションにいる人は、もっとも客観的に大局を見ることができる立場でもあるのです。

　つい「自分がやった方が100倍早い」と思ってしまうかもしれませ

んが、そうではなく「自分がやらない方が100倍整う」を目指して、大局観の共有につとめるのが得策です。

専門家・外部パートナー
決定権× 主導権× 実行力○

　決定権と主導権はなく、実務の面でのみ期待されているのが「専門家・外部パートナー」です。

　会社内のポジションでいうと、少なくともその分野で十分な経験を積んでいる状態です。ある程度実務的な知見とノウハウを習得していて、実際に価値創造につながるような作業に従事することができる。新人や若手とよばれる時期を過ぎて、中堅として、そして数年後にはリーダーとして期待されているような人をイメージしてください。

　プロジェクト単位のポジションでは、職人的な技能や専門的な知識を有しているエンジニアやデザイナーなどの技術職があてはまります。明確に依頼内容と成果物が定義されているフリーランサーのような立場も該当します。

　決定権と主導権をもった人が有能であれば、専門家・外部パートナーはプロジェクト会議のファシリテーションに携わることは基本的には少ないですし、プロジェクト全体における「チーム全体と個人個人の調和」を気にする必要はそんなにありません。

　なぜなら、そうした大局観をもって全体を方向づけるのは、多くの場合は（当たり前ですが）決定権や主導権をもった人たちなのです。ですので、プロジェクトが順調に進んでいる限りは、負担も不満も少なく済む立場であるといえるでしょう。

　そもそも、誰かが意思決定して主導した内容を、その指示を受けて実現することがこのポジションの責任範囲なのです。おのずと、自分の与えられた作業を約束したとおりに遂行すればよいと思うかもしれ

ませんが、注意は必要です。そのように「自分はこのプロジェクトに対して、致命的な責任を負っていない」と思考を停止してしまうと、いつかどこかで思いもよらない大きな失敗を招いてしまうかもしれません。

とくに想定したほうがよい状況としては、決定権や主導権をもった人たちが迷走してしまったときです。専門家・外部パートナーのポジションでは、プロジェクトの方向性に対して影響力を発揮しづらく、ややもすれば本意でない作業を押し付けられ、不満と失意のなかでの従事を強いられることにもなりかねません。

自分に責任がないのに不本意な状況に陥らないためには、意識的な演出家としてプロジェクト全体の意思疎通にかかわりをもっておくことは有効です。

この立場の強みは、最前線のリアルタイムな生の情報をつかんでいることです。決定権や主導権をもった人たちが現場の最前線から遠いところに位置していた場合、往々にしてもっている情報は古かったり、大雑把すぎたり、なにかを判断するには不足や不満があるようなしろものであることが通例です。だからこそプロジェクトをうまく方向づけできないことも多いものです。

決定権、主導権をもつ人がどのような視点と視野で大局を見ようとしているのかを、まずは理解する。そのうえで、必要かつ十分な情報をスピーディに提供する。このような工夫によって、自分自身が意思決定をせずメンバーを主導する立場にならずともプロジェクトを前進させられます。

最前線キャプテン
決定権× 主導権○ 実行力○

「主導権」と「実行力」をもっていて、「決定権」だけがないポジションを「最前線キャプテン」とよびます。会社のなかのポジションとし

てはその名の通り、ベンチャー企業や走り出して間もない新規事業の事業責任者のイメージです。プロジェクト単位のポジションとしては、リーダーとしてみんなを牽引しつつも、作業者としての役割も担う場合が該当します。

　筆者自身、こうした立場で事業責任者として推進をした思い出があります。事業の企画を立てて、立ち上げに必要な予算や利益計画を立てて、今後の技術やマーケットの展望をまとめて、提案して、投資判断が下ったら、いざそれを実行するためにほうぼうの関係者のもとへと走り回って……というものです。

　こういうふうに書くと、なんとなく華やかな感じもしますが、実際はかなり苦い思い出でもあります。なぜでしょうか。主導権も握って、実務でも推進しているので、われこそはもっとも大局を見ているんだと、そうした意識がどうしても芽生えてしまうのです。ですが、決定権はもっていない。

　一生懸命進めてきたことが、こともなげに意思決定者から一蹴され、ボツをくらい、リテイクされてしまう。これが大きな苦痛なのです。「一体あなたは指一本動かしていないのに、なぜそんな無慈悲な鉄槌を下すのだ……」と、憤懣やるかたない思いをしていたものでした。

　時がたって思い返してみると、自分の若気の至りに冷や汗をかくばかりです。そういうことではプロジェクトは前には進まないんだよと、昔の自分にいってやりたくなります。

　つまり、最前線キャプテンが陥りがちな失敗のパターンは「自らのポジションの勘違い」です。主導と実務を担っているので、なんとなく勢いで全能感をもってすべてを決定できるように錯覚してしまいがちです。

　しかし結局のところ、決定権をもっていない以上はプロジェクトの主役ではないのです。そこを履き違えてしまうと、決定権をもつ役割

の人との食い違いに苦しみ続けることになってしまいます。

　ではどうしたらよいか。答えは簡単で、あらゆることが意思決定者の意思を具現化するためにあるので、その利害から出発するしかありません。

　そもそも根本的にその利害が受け容れられないこともあるかもしれません。そんなときにこの外形的な役割を全うしようとすればするほど苦しくなるので、よい時機を見計らって、他の適任者にバトンタッチできれば穏便に問題を解消できるでしょう。

　しかし、いろんな意味でチャンスに満ちた立場であることも確かです。できれば、**意思決定者の利害を満たしつつ、そのうえで自身の動機も叶えていく。**そんな順番で組み立てをしていくことをおすすめします。

でしゃばり王様
決定権○　主導権×　実行力○

　決定権と実行力だけあって、主導権だけはもっていないポジションが「でしゃばり王様」です。そんなちぐはぐな立場があるのかと不思議に思うかもしれませんが、実はそんなに珍しくもありません。むしろよく見かけたり直面したりもします。

　ベンチャー企業の経営者や大企業の役職者など、最終的な決裁者の立場にある人が、現場における達成感を強く求める場合にこうした変則的な立場をとることが多いです。

　形式上はキャリアと実力を備えた中堅メンバーを責任者に任命しており、主導権についてはその人にあずけている。しかし、現場の具体的なことには口も手も出したい。

　こうした状況下でプロジェクトの失敗が起きるとしたら、どんなケースが考えられるでしょうか。基本的には、こうした座組みが成立

してしまうと、それ自体がすでにプロジェクトの失敗であるといえるでしょう。

　そもそも外部から見ると、一体だれが本当のキーパーソンなのかがよくわからず、不安定な印象を与えてしまいます。基本的にはこの組織構造をつくってしまうこと自体が、すでに悪手です。

　もちろんそれは当事者だって百も承知のこと。任せるのが一番いいとは思いながらも、主導する人のことを心配していて、よかれと思ってサポートしているつもりなのだと、なんだかんだと理由をつけて、こうした立ち位置が生まれてしまいます。

　そんなときには、どうすればよいか。当事者自身が決定権をもっているのですから、**実務を手放し、思い切ってマネージャーやメンバーに任せるのが最善**の選択です。

　そんなふうにいっても、いやいや、そもそもそれができないから自分が実務を担わざるを得ないのだ、と永遠に押し問答を繰り返しそうになってしまいます。

　どうしても難しければ、いささかトリッキーではありますが、実務の役割を担う時間においては、頭のてっぺんからつま先まで徹底してその役割に殉じることが必要となるでしょう。

　どの形式会議においても、どのメタ会議においても、その場における自分の発言が意思決定者としてなのか、作業者としてなのかをつねに意識し、それを相手にも伝えながらコミュニケーションしていくことが必要です。

　都合が悪くなると意思決定者の顔をして、都合のいいときだけ実務担当者の顔をする、という自己中心的な行動をとってしまうと、メンバーからの信頼を失ってしまいます。

歴戦の名将
決定権○　主導権○　実行力×

　決定権と主導権をもっていて、実務だけは任せる。そんな形でプロジェクトにかかわるポジションが「歴戦の名将」です。

　決定権については、裁量の全部または一部が認められていて、なおかつ最前線で活躍するメンバーの陣頭指揮を執り、局面を主体的に動かしていく存在。

　会社のなかでいうとキャリア、経験、実力のどれも十分で予算も人員も豊富な事業責任者があてはまります。プロジェクト単位でいうと、これこそいわゆるプロジェクトマネージャーという職種そのもののあり方です。アジャイルコーチ、スクラムマスターなどの用語も該当します。

　自身には決定権と主導権があり、実務を任せることができる人員がいる場合は、奇策は必要としません。プロジェクトリーダーとしてやるべきことをしっかりやれば、失敗することも少ないです。オーソドックスに全体を引っ張り、牽引する役割を果たすことができる。そうすることによって、成果に結びつく。そんな安定した構図が成立するでしょう。

　マネジメント手法そのものについても、いわゆるプロジェクト管理の王道手法でも構いません。案件の起承転結がある程度読み切れるような場合でしたら、それで十分です。

　このように、そもそもの**前提条件を整えることができれば、その時点でそのプロジェクトは「勝ったも同然」**です。問題があるとしたら、こうした本来の姿でプロジェクトマネジメントの職責を果たすことができる現場そのものが、意外と世の中に少ないことです。むしろこうした本来のあり方ができるのが、例外ですらあるのが昨今の社会情勢

といえるかもしれません。

逆にいえば、このような本来あるべき役割の人間を適切に配置できるようにするのが、最終的な意思決定を行う人の役割でもあります。しかし、こんなことをいうと「それは重々承知しているけれども、予算の問題や人材の不足でままならない」という経営者の方々の声が聞こえてきそうです。

実際のところ、総勢数百名を超えるような規模の大きいプロジェクトでこのような職責を果たすことができる人物は極めて希少で、その人が人事異動で離れた途端にプロジェクトがガタガタになってしまった話もときどき聞きます。

この立場に立たされた人の実力が及ばず、現場を動かしきれないこともあるかもしれません。そうした場合の対策としては、無理にその役割を全うしようとするのではなく思い切って「控えめ秘書」にシフトしてしまう方法をおすすめします。

メンバーや関係者たちを信じて個々人がもっている力を素直に発揮しやすい状況を整えると、かえってスムーズに局面を動かしていくことができます。

タイプ ⑧ 万能イノベーター
決定権○　主導権○　実行力○

万能イノベーターとは、決定権をもっていて、実際に指揮官として主導する立場にあり、実務的にも精通していて力を発揮するポジションです。

会社でいうとベンチャー企業のオーナー経営者で、自身が能力・実績ともに満ち足りているときに、このポジションが発生します。プロジェクト単位でも、営業・開発・デザインなどのすべての領域で知識や経験があり、全体の戦略を考え同時に実行できる万能な人が

います。

　このケースではどんな問題を考えるべきでしょうか。またそれに対してどういう備えをするべきでしょうか。結論から述べますと、こうしたリーダーにとって失敗は原理的に存在しません。なぜなら、なにかを実行した結果が成功か失敗かを決めるのは、この人以外にいないからです。

　もっといえば、会議も必要ありません。あるとしたら、指示を下すための**ブリーフィング的な会議があればよいでしょう**。なぜならリーダー自身のなかに描くべき大局観がすでに存在していて、率いられるメンバーはいかにそれを理解し、従っていくかということ以外に選択肢がないからです。

　問題があるとしたら、こうした座組みではあくまでリーダーがトップダウン方式でみんなを引っ張っていくべき状況なのに、ときどき思い出したかのようにボトムアップを求める場合です。

　状況が悪くなったときにだけボトムアップを求めたり、あまつさえボトムアップが弱いから駄目なのだという檄を飛ばしたりしてしまう。そんなことでは、ついていくメンバーの意欲を削いでしまうことにつながってしまいます。

　トップダウン方式の進行でうまくいかないときは、思い切っていっそのこと「孤高の承認者」にシフトしてしまう、という手段があり得ます。

　全権をふるったり、やっぱり戻ったり、かと思うと戻らなかったり。そのような中途半端なリーダーシップでは、混乱が広がるばかりです。ベンチャー企業の場合、魅力的で能力の高い経営者であるにもかかわらず、人の入れ替わりが頻繁なためにこのようなループから抜け出せないことも多く見聞きしてきました。

　万能イノベーターの役を演じきることが難しいなら、衆知を集めて

関係者一同の知恵と勇気で、難局を乗り越えていくスタイルに変える選択はあってしかるべきですし、とても有望です。アジャイルやティールなど、反復学習や自律性を重んじるスタイルの経営が注目を集めている背景には、まさにこうした構図があります。

　リーダーが有能でキャパシティが大きければ大きいほど、トップダウン方式のほうが効率がよいですし、間違いなくスピーディに進行できる一面はあります。

　しかし時代の趨勢としては、リーダー個人の影響力だけでは対処しきれないような外部環境の変動が激しい時代に突入している面があるのも事実です。

　見極めは難しいですが、これこそマネジメントにおける究極のテーマだといえるのかもしれません。

プロジェクト会議力の
向上に効くコンテンツ

　プロジェクト会議を運営する技法を身につけるためには、実際に場数を踏んで実践することが王道ですが、自分の体験だけでは学びの総量が不足します。**他者の経験を戦訓として吸収すること**が欠かせません。

　業界の先輩の薫陶を受けたり、書籍をひもとき歴史に学んだりするのが一般的ですが、映画や漫画にも参考になるコンテンツがあります。

　たとえばリドリー・スコット監督「オデッセイ（原題：The Martian）」はぜひ観ておきたい映画のひとつです。近未来における火星開拓を豊かな知識と想像力で描いたSF小説『火星の人』（早川書房）を映画化したものです。

　物語は、火星探査を行うチームが嵐に見舞われ、宇宙船で緊急脱出する様子から始まります。想定外のトラブルによってひとり火星基地に残されてしまった植物学者兼エンジニアが主人公です。

　地球への生還を目指す主人公は、救助が来るまで生き延びるため、火星でジャガイモの栽培を始めます。その一方で救出に向かうチーム。彼らと遠隔でコミュニケーションを図って事態の改善に取り組むNASAの人たち。三者三様の苦闘が描かれます。

　予算の制約や世論との折り合いを優先的に考えなければいけないNASA長官と、現場の人間に想いを遂げさせてやりたいフライト・ディレクターの葛藤が見どころです。

　その他にも、理論と技術の世界で工夫を凝らすことを純粋に楽しむエンジニアや、無理難題を押し付けられ頭を抱えるロケット製造現場のリーダーなど、プロジェクトにかかわる関係者の悲喜こもごもが豊かに描かれています。

　通信によって意思疎通はできるのに、それぞれの現場で起きる困難に

ついては、それぞれの現場の人にしか実際に手を下すことはできない。プロジェクトにおける隔靴掻痒の感覚が生き生きと活写されます。

　納期に間に合うように頑張ったのに、ミスによって起きてしまう事故。必要なものはなに一つ足りることはない。それでもあきらめずにもがくことでつかめるチャンス。次々と発生する難題をクリアするために、使えるものはなんでも活用する豊かな発想も見事で、プロジェクト進行における創意工夫の見本市のような作品です。

　邦画では三谷幸喜監督の「清須会議」がおすすめです。織田信長が本能寺の変で非業の死を遂げたあと、織田家の今後を担うべき人たちが新たな秩序形成に向けて交渉を行う様子を描いた作品です。

　柴田勝家、羽柴秀吉らの重臣たちが、それぞれ異なる「次の主君」を担ぎ出し、イニシアチブを競い合う様子はまさに、現代社会における企業内の主導権争いの写し絵となっています。

　「評定」とよばれる公式な会議を行うにあたって、その会議本番の議論を有利に進めるための「メタ会議」に奔走する秀吉は、下剋上のスリルに満ちており、本当に「かくあったかもしれない」と思わせ、見て楽しく学びも得られる作品です。序列的にも力関係上も劣位にあった秀吉が、腹心である黒田官兵衛の助言も得ながら知恵と勇気と臨機応変の三位一体で困難を乗り越える様子は痛快です。

　ちなみに、同監督の手による小説版も刊行されており、映画とあわせて読むことでさらに理解が立体的になるので、おすすめです。映像だけでは説明しきれなかった登場人物の内心が語られており、秀吉の「形式会議」と「メタ会議」の演出力の妙を味わえます。

　特撮からは庵野秀明総監督・樋口真嗣監督の「シン・ゴジラ」も会議映画として楽しむことができます。本作は怪獣映画ですが、未曾有の事態にいかに対処すべきかを真剣に考えるポリティカルフィクションを目指して制作されました。シナリオ開発にあたっては、東日本大震災への

対応にあたった政府関係者への取材なども実施されました。

　とくに、冒頭に描かれる形式会議の不調が会議運営の反面教師として参考になります。コミュニケーションの改善にともなってチームが成熟していく様子も、プロジェクト現場の感じがよく表現されていると思います。

　アニメーションでは押井守監督の「機動警察パトレイバー2 the Movie」は必見です。こちらもロボットアニメという娯楽的な装いをよい意味で裏切る一本です。戦後におけるわが国のあり方に「本当にいまのままでよいのか」と問いかける、シリアスで骨太な作品です。

　劇中では、前代未聞の軍事スキャンダルに対応する警察関係者が、延々と問答を続けます。警察という形式に満ちた組織のなかで、数々のしがらみにも負けず信念を実現する主人公の姿に、プロジェクト進行の手練手管が発見できます。

　押井監督は多くの監督論や映画づくりについての論考を発表しています。プロジェクト進行の視点に読み替えることができる、貴重な戦訓も数多くあります。映画とともに触れられることをおすすめします。

　最後に、少年漫画からも作品をひとつ紹介したいと思います。冨樫義博氏の長期連載作品『HUNTER × HUNTER』（集英社）です。少年漫画といってあなどるなかれ。プロジェクト組織における個とチーム全体の関係性や、未知の外部環境、予想外のトラブルのなか、いかに思考し物事を進めるかというテーマを物語で表現した作品として、古今随一といっても過言ではありません。

　メンバー同士が助け合いながら困難を乗り越えていく作品は、この他にもたくさんあります。本作の特異性は「仲間」や「絆」といった紋切り型の価値観をあえて疑い、利害に基づくドライな組織化を描くことに成功していることです。

　個人個人はあくまで各自の目的のために行動する。その達成のうえ

で、ときには他者との連携が必要となる。利害に基づくドライな関係だからこそ生まれる友情もあれば、情に流されることで生まれるすれ違いもある。

　自らが置かれた状況を客観的に俯瞰し、リスクとチャンスを天秤にかける。伸るか反るかのギリギリの判断をくだすための勇気。生き残るための思考力を豊かに描く本作は、少年漫画という見た目とうらはらに、大変深い人間洞察を根拠としています。

　ちなみに各作品の登場人物について、本章で解説したプロジェクトリーダーの８タイプを用いて分析するのも楽しい学びになります。

第 **6** 章

失敗から
挽回するためのヒント

すでにあったことはこれからもあり
すでに行われたことはこれからも行われる。
太陽の下、新しいことは何一つない。

聖書協会共同訳　　　　　『旧約聖書　コヘレトの言葉』（日本聖書協会）より

第6章は本書の最終章です。改めてここまでの流れを振り返りますと、第1章でプロジェクトにおける会議の重要性を述べたあと、第2章から第4章にかけては理想のプロジェクト会議のありかたやそのためのアジェンダの立て方、それを実現するフレームワークを紹介しました。

そして第5章では、実際のプロジェクト会議運営のなかで大切にすべきポイントについて推進者の役割タイプ別に解説しました。

以上の内容は、基本的には「これが大事」「こうするとうまくいく」という理想像を描くことに主眼をおいてきましたが、理想通りにはいかないのが現実というものです。理想はあくまで理想であり、机上のものです。

成功するための理想像だけでなく、どうすれば失敗しないか、どうすれば失敗から挽回できるのかを理解することで、実践力を高めることができます。

本章では「失敗から考えるプロジェクト会議の実践」として、困難の渦中における脱出の指針を紹介します。

失敗学からの学び

　本章では、プロジェクトの失敗や不利な状況を挽回する方法を解説するにあたって、その名もずばり「失敗学」の名を冠する学問にヒントを求めます。失敗学とは、主に機械工学の分野における数多くの事件・事故を分析し、共通する要因を抽出することで、事故や失敗が発生した原因を解明し、重大な事故や失敗が起きることを未然に防ぐための方策を追求する学問です。提唱者は『失敗学のすすめ』(講談社)の著者である畑村洋太郎氏、命名者は立花隆氏です。

　工学系の研究分野にはもともと、信頼性工学とよばれる学問領域がありました。設計した機械が故障することなく動くかどうかを工学的に解析することで、実際に稼働する前に検証し、安全性を担保するための学問です。

　失敗学は品質保証や信頼性工学の基礎に加えて、創造的設計論なども取り入れ、物の解析だけにとどまらず、機械設計の過程や製造、導入、運用といった総合的な観点で安全性を研究しています。

　失敗学におけるもっとも重要な教訓は、「失敗は必ず起きる」です。なにを当たり前なことをと思うかもしれませんが、経験豊かな人であればすぐにピンとくるでしょう。なにか新しい価値を生み出そうとするときに、誰だって人は失敗しようと思ってはいません。失敗を経験し、反省し、対策する。それでもやはり、失敗はゼロにはできない。

　数々の検証や実験を経てつくられるものであればあるほど、その成果物はどんなに悪条件が重なろうと、そうそう問題はおこさないはずです。しかしそれでも、失敗は起きる。ここに神ならぬ人間という存在の限界があります。

失敗学を
プロジェクト進行に活かす

■ 図6-1　ジェットコースターの安全性は蓄積する金属疲労との戦い

　ときどきニュースになる遊園地のジェットコースターの事故を例に
説明します。ジェットコースターのように、昔ながらの技術で原理や
部品が確立されている分野であっても、一定の確率で事故は発生しま
す。そして、その設計者は必要な検討を怠っていたのかというと、そ
んなことはもちろんありません。

　たとえば1日に100周運行させるとして、1年に300日営業した場
合、15年間で45万回の応力が発生することは設計者なら誰でも考え
ます。いつ頃どの部品に疲労が生じるのかについても、ねじれ応力や
疲労限界などの工学的な解析によって明確に答えをだすことができま
す。そのように精密な計算と検証を行っても、予想外の部品における

金属疲労が原因で事故が発生することがあります（図6-1）。

　なぜ、設計者はこうした疲労破壊を予想できず、事故が発生してしまうのか。失敗学の体系を参考にすることで、たとえば「予期せぬ振動」に原因があるのではないか、といった発想ができるようになります。

　通り一遍の解析を行った限りでは考えられない事象が発生した場合、必ずその背景にはなんらかの想定外の現象があります。通常の分析手法では想定しきれないものであっても、数多くの事件、事故を解析して得られた体系により「ありうる原因の候補」を素早く的確に類推することが可能になります。またもちろん、設計時の危険予知にも役立ちます。

　図6-2は『失敗百選』（中尾政之著、森北出版）で論じられている失敗要因の分類をもとに筆者が作図したものです。失敗要因のもっとも根本的な分類としては4つあります。「機械内部の力学的な設計ミス」「使用時の副次的な考慮漏れ」「技術に付随する人間のミス」「組織的な要因」です。これらのカテゴリーをさらに細かく12通りの失敗要因に分類しています。

　失敗学は、「機械」＝「姿かたちがあって図面のうえで表現できるモノ」がその発祥ですが、機械工学から越境し、経営における失敗等の新領域を切り拓いてきた歴史があります。

　そもそもその根幹である工学自体、ソフトウェア工学や金融工学、あるいは人間工学など、その対象領域を形ある世界から形の見えない世界へと広げてきました。

　工学というと、どうしてもエンジンやロボットの世界を連想してしまいますが、その本質は「観測し、記述し、制御する」の3つの人為的な働きかけによって対象に再現性を与え、経済価値を生み出す学問です。この3原則を満たせば、新たな工学はつねに成立する可能性が

技術的な要因　力学的な設計要因	技術的だが、副次的な使用時の設計要因

材料の破壊
- 脆性破壊
- 疲労破壊
- 腐食
- 応力腐食割れ
- 高分子材料

想定外の制約
- 特殊使用
- 落下物・付着物
- 逆流
- 塵埃・動物
- 誤差蓄積

構造の倒壊
- バランス不良
- 基礎不良
- 座屈

火災天災からの逃げ遅れ
- 油脂引火
- 火災避難
- 天災避難

構造の振動
- 共振
- 流体振動
- キャビテーション

連鎖反応で拡大
- 脆弱構造
- フィードバック系暴走
- 化学反応暴走
- 細菌繁殖
- 産業連関

想定外の外力
- 衝撃
- 強風
- 異常摩擦

冗長系の非作動
- フェイルセーフ不良
- 待機系不良

技術的だが、人間や組織との関係が強い	組織的な要因

作業で手を抜く
- 入力ミス
- 配線作業ミス
- 配管作業ミス

個人や組織の怠慢
- コミュニケーション不足
- 安全装置解除

設計で気を抜く
- 自動制御ミス
- 流用設計
- だまし運転

悪意の産物
- 違法行為
- 企画変更の不作為
- テロ

出典:『失敗百選』をもとに著者作図

あります。

　「プロジェクト」もまた姿かたちの見えない概念的なものではありますが、人間が思考しつくり出したモノであることに違いありません。だとすれば、プロジェクトやその会議にもまた、失敗学のアプローチが通用しない道理などないはずだと、筆者は考えます。

 ## 失敗3兄弟

　失敗学に、**腐食、疲労、摩耗の現象を指す「失敗3兄弟」**という言葉があります。腐食とは部品を構成している部材が腐ってしまうこと、疲労とは何度も力がかかっているうちにその部分が弱ってしまうこと、摩耗とは部品がすり減ってしまい力を伝える役割を果たさなくなってしまうことを意味します。

　モノの世界でこうした3つの現象が起こること自体は、よく知られているにもかかわらず、何度も何度も大きな事故の原因となっています。

　こうした局所的なエラーが限定された範囲に影響を及ぼすだけであれば、まだ対処はしやすいのですが、**本当に怖いのは「連鎖的反応暴走」**とよばれる現象です。

　局所的な欠陥が原因となって燃料が漏洩してしまい、あるきっかけで引火してしまう。そこから爆発、炎上が起きてしまう。そうした連鎖反応の結果、社会的に大きくとり上げられる事件や事故に発展してしまう。

　これらは機械の世界の言葉ですが、よくよく見てみると人間の心にも通じるところがあります。人の心も、評価や報酬が足りないと腐っ

てしまいますし、頑張りが過ぎると疲労します。そうしたことが続くと心がすり減ってしまう、なんてことも誰しもが経験することでしょう。

　そうした一人の人間の内面的なエラーが、成果物や作業上の不具合を誘います。気づいたときには負のエネルギーが漏れ出してしまい、いつしか矛盾が解消しきれなくて、関係者の一人が爆発、プロジェクトも大炎上してしまう――。ここで思い出していただきたいのが、第1章で解説した、どのプロジェクトにも共通する失敗のパターンの話です。

　プロジェクトとは、そこで取り扱う内容がどうであれ、煎じ詰めると、人と人とが互いに協力し合い、ひとつの成果物を生み出していく活動です。人間同士の作業の協調とは、還元的に考えると人間らしい脳の働きそのものであり、そこにはつねに同じ原理や力学、同じメカニズムが働いています。

　こうとらえ直すと、この広い社会のなかで、何度も何度も似たような失敗が繰り返されてしまうのは、実に当たり前なことに思えてきます。

　プロジェクトにもやはり、「失敗3兄弟」が存在します。ずばり「誤解」「ミス」「伝達不足」です（表6-1）。

■ 表 6 - 1　　プ ロ ジ ェ ク ト の 失 敗 3 兄 弟

要因	現象
誤解	課題を解決するにあたって、対応者が情報を受けとり、理解する段階で発生する誤差
ミス	実際に作業を進めたり、課題を解決するための過程で発生する誤差
伝達不足	作業の結果を次の人に渡して、依頼や申し送りをする際の表現上の不正確性

　どんなプロジェクトも必ず着手する前段階からの入力があり、それ

をもとにした作業があり、作業の結果を次の工程に渡すという3ス
テップが最小単位となります。すべての部品が一つひとつ正常に作動
し、機能し、組み合わさることでひとつの機能を発揮する精密機械と
同じように、プロジェクトにおいてもすべての作業の最小単位が噛み
合うことで、大きな成果を生み出します。

　「プロジェクトの失敗学」は多くの事例を収集し分析と体系化をする
ことが必要な学問であり、引き続き探求を深めていきたいと考えてい
る分野です。

 # プロジェクトに問題が
起きたときの対処法

　どんなプロジェクトであっても、そこに携わるのが人間であり、か
つ生み出そうとしている価値が過去にない新たなものである以上、初
期状態においては、成果物は事前に頭のなかにあるイメージでしかあ
りません。

　その時点では、アイデアが実現したときに得られるであろう、夢の
ようなメリットが頭の中には満ちていますが、その過程にある予想外
の障害や困難については情報が不足しています。

　人は、イメージしたものをいきなり具体的なモノとして具現化する
ことはできません。企画書を書き、見積りをとり、工程表を書き、ド
キュメントとして文書化していくのが通常です。

　まずこの時点で、頭のなかにあったビジョンがうまく表現しきれな
いもどかしさに直面します。そこには誤差があり、語ろうとしても語
りきれないなにかがあります。そのことが少しだけ不安をよびます。
図6-3はこの一連の流れを模式的に示したものです。

■ 図6-3　プロジェクトが炎上したり不完全燃焼になってしまう過程

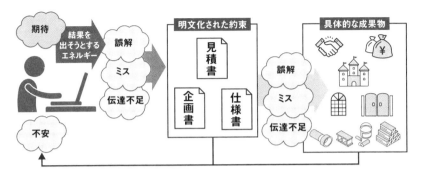

　第2段階では、実際に作業を行って成果物を具体化していくために、紙のうえで図や言葉を用いて表現して、必要な関係者に意思疎通を図り、実際に作業に入っていきます。

　この段階に到達したころには、さまざまな予想外の現実と直面したことによって、最初に思い描いていたような成果物とは随分とかけ離れたものが生み出されつつある状態であることが通例です。

　それは必ずしもネガティブなことではありません。数多くの未知があると学び、吸収し、むしろ本来実現したかった姿により近づいているともいえます。

　進めている当事者が、そのように感じられているのであればなんの問題もありません。期待から始まるエネルギーが、実際の作業を通して具現化するよい循環が生まれていますので、どんどんとその道を進むとよいでしょう。

　問題があるとしたら、頭のなかで思い描く姿がドキュメントになり、具体的な中間成果物になる過程で、**誤差が不安をよび、不安がまた誤差をよぶ**、といったような悪循環が発生しているときです。心や思考に疲労や腐敗がまじり、チームのモチベーションがすり減ってしまっているとしたら、トラブルがいつ勃発し、引火、炎上してもおか

しくはありません。

　一つひとつは小さなエラーでもそれが蓄積し、なにかのはずみで引火してしまうと大きなトラブルに発展します。そうならないように最初から気をつけるのがベストですが、防ぎ切れなかった場合にどうするのか。これもまた、プロジェクトを実践する人間にとっては重大な問題です。

　以下、プロジェクトの問題として起こりがちな6つのケースとその対処法を紹介します。

問題が燃え広がっても無理に消そうとしない

消化に焦ると油を注いでしまいがち
誤解やミスなどの発生源を断つのがおすすめ

　筆者は薪ストーブが好きで、冬になるとときどきコテージに遊びに行っては薪ストーブで遊ぶのですが、そうした暖房器具の世界では「火を消したいからといって、水をかけてはいけない」とよくいわれま

す。

　水をかけるという行為は「温度」を下げようとしているのですが、燃え盛っている炎に水をかけても温度を下げる前に蒸発してしまったり、あるいは器具のフレームを急冷させてしまったり、そうした非連続的な変化を起こしてしまうと、鎮火どころか爆発したり、燃料が散らばってしまったりと、危険が増すだけなのです。

　薪ストーブの火を消す場合「**酸素の供給を断つ**」が正解です。酸素がなければ、薪は燃えることができません。酸素の供給を断つことが難しいときは「燃料が尽きて、自然鎮火するのを待つ」しかありません。

　この話をプロジェクトに置き換えてみても、そっくりそのまま通用します。問題が起きて当事者同士が感情的になっているときに、どちらが悪いかをはっきりさせたり、責任を明確にして仲裁をしようとしたりしても、余計に問題をこじらせるだけです。問題が起きているときは、基本的には、どちらか片方だけが悪いということはめったにないものです。

　たいていの場合、そこには善意のもとの誤解や不作為のミスがあって、その結果として問題が顕在化してしまっているだけのことだったりします。

　まずは落ち着いて「誤解やミスや伝達不足」が生まれないように一つひとつの作業を見直し、エラーを取り除いていくことが、問題の発生源を断つことにつながります。

ケース 2 チームに勢いがなくても無理に燃料を注がない

　プロジェクトがうまくいかないときのもうひとつの現象として、「不完全燃焼」があります。関係者にモチベーションがわかず、やろうとし

燃料をむやみに投下しても無駄になる
停滞や不調の原因を探し、解消するのが近道

ている作業も進捗が悪く、沈滞してしまっている。トップやリーダーはやっきになって、関係者のやる気に火をつけようとはっぱをかけたり、報酬で釣ったりとあの手この手を繰り出します。しかし、どうにも空気が悪い、重い。

そんなときは「燃料をガバガバ投下してもだめ」です。

薪ストーブでも、火をつけるのが下手な人は着火剤をありったけ投入して、どうにかこうにか燃焼させようとしますが、肝心の薪がしっかり燃焼反応を起こして、いわゆる「熾き火」になっていない限りは、外から働きかけてもうまくいきません。

プロジェクトではっぱをかけたり報酬をもち出したりする行為は、燃焼の最初のきっかけにはなり得ますが、持続的かつ自律的な好循環を起こすためには、プロジェクトチーム全体の循環をよくするのが不可欠です。

プロジェクトが沈滞し不完全燃焼になっているときは、必ず成果が

滞ってしまうポイントがあるはずです。まずはその**目詰まりを起こしている場所を発見し、解消する**のがよいでしょう。

　相手が大事にしているものがなにかをわかっているつもりでも、実はわかっていない。勝手に想像して、わかった気になっている。相手の心境や利害についての誤解を正すことが、ハートに火を点ける第一歩です。

意見が一致しなくても「話し合えばわかり合える」とは考えない

ケース3

伝えようとするばかりでは伝わらない
「自分がなにをわかっていないか」に目を向けてみよう

　「話し合えばわかり合える」とよくいわれますが、この考え方について、違和感を覚えるときがあります。会議の方法を語る本でこんなことを主張すると、ちょっと不思議な感じが出てしまうかもしれませんが、プロジェクト会議においては「そんなことはありません」とあえて断定します。

会議とは確かに話し合いの場です。同じ時間、空間（リアルおよびオンライン）をともにして、いま自分たちはどちらの方向に向かっていくべきなのかを確認し合う。こうした、話し合いを経ずに、重要で複雑な問題をどう対処するかについて、互いにわかり合うことは不可能です。

　しかし、ここで大事なことがひとつあります。わかり合うためには、正しい意思疎通の方法をとる必要があるのです。大事なことは「話す」ではなく「聞く」であり、それを通して「知る」ことです。

　なにを知るのか。それは、「自分がなにを知らないか」です。前例のない取り組みにおいて、最初から自分の知識が十分に満たされていることは、まずありえません。だからこそ、新たなことを知らなければなりません。しかし、では一体具体的に、自分はなにを知るべきなのか。それすらもわからないところからしか、出発できません。

　不十分な知識を材料にして、「これが正しいと思う、こうしたらよいと思う、こうすべきだと思う……」と考えを発し続けるだけでは、有効な結論に到達できるわけがありません。

　それだけでなく、たとえばそれが上司と部下の関係であった場合、よく見られる構図は、上司は「話し合いをした」と思っていて、部下は「納得できない価値観を押し付けられた」と感じてしまい、話し合いによって、問題が解決するどころか、関係性が悪化してしまった、なんていう話です。

　それでは、なんのためにそのプロジェクト会議を開催したのか、まったくもってよくわからなくなってしまいます。そして、そんなよくわからない現象が結構高い確率で発生してしまうのが、現代社会でもあります。非常にもったいない話だと感じることが多いです。

　対話とは、つねに自分にとっての「未知の未知」、つまり**「知らないことすら知らないこと」に出会うための手段**なのです。

翻って考えますと、「話し合うことが大事」という標語が少し正確性に欠けるのではないかと感じます。「話し合い」とはあくまで手段であり、それが本来の「知るべきことを知る」目的にかなわないのであれば、そこにこだわるのは悪手だといえるでしょう。

ケース4 問題が複雑であっても「○○さえ守ればいい」とは考えない

「管理」はわかりやすいがコストが高くつく
最小限で済ませる工夫が大事

　人間の自然な心理として、わかりやすい結論はつねに好まれるものです。とくに、ルーティンワークと違って、例外や予想外、なにかと複雑なことが起きがちなプロジェクトという場では、考えに余る、よくわからない、どうしたらいいかわからない問題にしばしば直面します。

　そこでつい人は「○○さえ守ればいいんだよね」という、「わかりやすい答え」にすがりたくなります。会議は時間さえ守ればいい、作業

は納期さえ守ればいい。とにかくToDoの進捗さえ追いかけていれば……と「○○さえ」の○○にはいろいろな単語があてはまります。およそプロジェクトを行うなかで、「管理」と名のつくものは、だいたいあてはまります。

　確かにそれらはきちんと管理され、守られるべきではあります。オーソドックスなプロジェクト管理の方法論とは、煎じ詰めれば「管理」の体系なのです。ステークホルダー管理、コスト管理、品質管理、変更管理……とあまりにも管理しなければならないものが膨大ですが、それらすべてを管理できれば、「プロジェクト」を管理できたといえるでしょう。

　世の中には、そうしたアプローチでありとあらゆる作業を記録し管理していくことが求められるプロジェクトもありますが、そうした厳密な管理は求められていないにもかかわらず管理思考に陥ってしまったとしたら、それは少々危険な兆候です。

　問題の複雑さに、脳内処理が負けてしまい、考えるのが面倒になってしまい、つい「○○さえ守ればいい」に逃げようとしている可能性があります。それは高い確率で別の問題を生むので、やめておいたほうが無難です。本当に管理すべきことが見えていればよいのですが、一度立ち止まることをおすすめします。

- **そもそも、なぜそれを管理すべきなのか**
- **管理したらどんないいことがあるのか**
- **管理するためにはどういうことに気をつけるとよいか**

　このような問いに明確に答えられるでしょうか。その管理の設定や狙いがぼやけていると、無駄な管理につながるだけだからです。**大事なのは「決めたゴールを守ること」ではなく、「適切なゴールを設定す**

ること」です。

　適切なゴールを発見し合意することができたら、いわゆるプロジェクト管理標準でいうような「管理」は、そんなに必要でなくなるものです。

知識が足りなくても
テンプレートで誤魔化さない

付け焼き刃のメッキはいつか剥がれる
テンプレートでごまかさず自分の言葉で表現しよう

　「アジェンダ」をテンプレートから引用して用意するのは大変に危険なので、やめておくことをおすすめします。現代社会はインターネットの活用が当たり前の世の中であり、さまざまな知識やひな形、テンプレートが無料で大量に活用可能です。

　不慣れな会議を運営しなければならない場合、たとえば「キックオフ　アジェンダ　テンプレート」などと検索して、つい「すでにある答え」を利用したくなる。そんな状況は誰にでもあることでしょう。

多くの問題について人類はすでに答えを出していて、それはどこかに書かれていて、自分はそれを発見するのが役割であって、再発明をする必要はない。そういう一面もないとはいいません。

　ただしかし、プロジェクト会議ではこれこそ危険な発想です。知識が不足している人がその場その場の場当たり的な作業でなんとか誤魔化そうとするときに、テンプレートは頼りにされがちです。

　駄目な部分を隠してしまう会議が一番よくない、ということは本書で繰り返しお話ししてきた通りです。想定外を無用のトラブルに発展させることが、プロジェクト進行における最大の悪です。その悪を退治するための根本原則が「ギャップを見つける」であったことを思い出してください。

　一見それらしいけれど実は芯を食っていない、そんなアジェンダでは会議は会議として機能しません。

　もちろん、だからといって個性的であればそれでいいわけでもありません。「このアジェンダでこそ、この会議は話し合われるべきだ」という参加者全員の納得が得られる内容を考え抜くことが大切です。

　もしかしたら、徹底的に考え抜いた結果、インターネットのなかにあるテンプレートに、とても似たものになることもあるかもしれません。それはそれで構わないのですが、ゆめゆめ**「それっぽいものの流用で済まそう」**などと考えてはいけません。

　プロジェクト会議の演出家が大切にすべきなのは、「うまくいっている雰囲気の演出」ではありません。どこがうまくいっていないかを見つけ出し、関係者の一人ひとりに、自分が果たすべき役割に目覚めてもらうための時間・空間の演出です。

　あらゆるプロジェクトが一回限りのものであり、同じことの繰り返しではない以上、そのとき、その場にふさわしいアジェンダは、その場で生み出されるしかありません。

ケース 6 会議では必ずしも発言や対案を出さなくてもいい

固定観念にとらわれると問題の本質を見失う
上位目的に立ち返って手段は柔軟に選ぶ

　これもひとつの誤解だと思うのですが、会議といえば「発言しない者は悪」「反対するときは対案を出すのが当たり前」とがよくいわれます。

　おそらく、欧米式のディベートやディスカッションを念頭に置いた考え方が源流にあると思われます。あるいは、駄目なプロジェクト会議の場で、参加者がみんな顔では不満そうにしているのに、押し黙ってなにも発言しないことに困ってそんなことをいってしまう、なんてこともあるかもしれません。

　そういう会議に限って、終わったあとのメタ会議の場になった瞬間、不平・不満や意見が飛び出し行き交い、一体さっきの会議の沈黙はなんだったんだ、なんてことがあるのも事実です。

本書で主張する理想のプロジェクト会議という場を考えますと、「全員が発言すべし」なんていうような、四角四面なルールは必要ありません。

　プロジェクト会議の目的は、大局観を共有し、次に打つべき手を合意することですから、そこで展開される議論に違和感がなければ、ただ聞いているだけの参加であってもまったく問題ありません。

　もっといってしまえば、そこでアイデアを出したり議論したりする立場ではないけれど、流れをつかんでおくために参加する会議も「あり」なのです。

　上席にある決裁者で、最終的な判断をする役割ではあるけれど、具体的に手を動かす立場にはない。そんな形でプロジェクトに参加する立場の人に、毎回の会議には参加しなくてもよいが、要所要所で報告をして、ここぞというときにだけ判断をくだしてほしい、なんてこともあります。

　そうした場合、議事録や別の時間を使って全体の流れを報告、説明するのが通例ではありますが、二度手間になりますしスピード感を損ないます。そんなときは率直に「内職しながらでもいいので、聞くだけ参加をしてください」という方法をとることが有効なこともあります。

　大切なことは、各々の参加者がそのプロジェクトにおける自分の役割にちょうど釣り合う意識状態で、適切な行動ができているかどうかです。**「内職禁止」「発言必須」のような表面的なルールで縛ることは、かえって本質から人を遠ざけます。**

　必要な人が必要な情報を得ることができ、必要な人が必要な相談をすることができ、最終的にみんなで理解を揃えて次の段階に進める。そんな理想像を描いたときに、それが叶えられる最小コストの方法をとればよいのです。

当事者意識をもて、とよくいわれます。確かに、一生懸命みんなで困難な問題を解決しようと目指しているなか、ひとり醒めた人間がいたら脱力してしまいますし、嫌な気持ちをすることもあるかもしれません。

　しかし、そこにこそ落とし穴がひそんでいます。当事者意識が、かえって目を曇らせてしまうことがあるのです。利害そのものへの距離が近いと、冷静かつ客観的に局面を判断することが難しくなってしまいます。

　どんな人にだって欲もあれば執着もあります。当事者意識も、強すぎてしまうと、かえって判断が濁ってしまうことにもなりかねません。

　他人事として距離をおいて見ることで、直視できる現実もあります。同床異夢のリスクを低減するためにも、意識的なプロジェクト会議の演出家にとって、客観性とはつねに担保しておくべき美徳なのです。

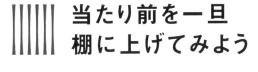

当たり前を一旦棚に上げてみよう

　ここまで述べてきた失敗から挽回する6つのポイントを表6-2に整理します。

　ここに共通するのは、結果を短絡的に求めてもそう簡単にはいかないということです。「冷静になれ」というだけで冷静になれる人はいません。「やる気を出せ」といってやる気が出る人もいません。うまくいっていない人に「うまくいけ」と命じて済むなら、こんなに簡単なことはありません。ありたい姿に近づくために近道にみえることが、かえって遠回りになります。またその逆もあります。人は、他者に対

■ 表 6-2　失敗から挽回する6つのポイント

状況	大事なこと
①問題が燃え広がったとき	いきなり消そうとしない
②チームに勢いがないとき	自主性を強要しない
③意見が一致しないとき	自分の意見を押し付けない
④問題が複雑なとき	管理コストをむやみに増やさない
⑤知識が足りないとき	テンプレートで横着しない
⑥ルールが幅をきかせている	固定観念にとらわれない

して結果そのものを強制することはできないのです。

　異なる利害と思考をもつ他者との協働においては、どんなゴールなら、一緒に目指せるかを考える。この姿勢をもつことが大事です。そのゴールが見えたら、結果を出すことに意味を見いだし、理解を促すこともできます。結果を阻む障害物を取り除くこともできます。そうして初めて、無理なく自然にものごとは動き始めます。

　ルーティンワークでない限り、そもそもなにが正解なのかをあらかじめ完璧に見通すことは不可能です。しかし、どこが間違えているか、どこにギャップが存在しているのかは、意識を向ければ見えてきます。

　意識的なプロジェクトの演出家は「面倒なことは避けたい」「うまくいっていてほしい」という願望に負けずに「どこに問題があり、どの課題を優先して解決すべきか」を見つめ続けます。それを実行するために、関係者の各人が発揮しなければならない「決定する」「主導する」「実行する」の役割への目覚めを促します。

　そうして初めてボールのとりこぼしがなくなり、意味のあるアクションが増えて、無駄な会議は開催せずに確かな実感をもって、状況を前進させることが可能になります。

プロジェクトでは、いつなんどきでも、すれ違いは発生します。それに気づくことがまず大事です。そんな**すれ違いを発生させた「まさかここで？」の意外な原因を、いち早く発見**しましょう。

　たいていの場合、それがわかった瞬間にほとんどの課題が解決し、また再び、一緒に前を向けるようになるのです。

おわりに

　会議というと「面倒」「利益を生まない時間泥棒」「そんなことより
お客さんと話したい」「開発したい」「早く作業を終わらせたい」と、
こんな声がすぐに聞こえてきます。「事件は会議室で起きているのでは
ない、現場で起きているんだ」その昔、こんな映画のセリフも一世を
風靡しました。筆者も深く同意します。重要な意思決定をする人が
「現場・現物・現人」の一次情報に触れないままでプロジェクトが成功
することはあり得ません。

　もとい、そんな難しい言葉を使わなくても、単純に、なんだかんだ
いって会議とは面倒なものです。現場で力を発揮するほうが誰だって
楽しいものです。
　しかし同時に、現場の人間に「どうして現場に血が流れるんだ！」
と悲痛な叫び声を上げさせるような、駄目な現場を生み出さないため
には、「どうやって関係者同士の意思疎通方法を洗練させるか」という
問いは避けて通れません。避けて通れないどころか、これこそが最大
にして唯一の問題なのです。意思決定の場における対話が有効でなけ
れば、現場の努力は活かされないからです。

　本書の内容は完全書き下ろしです。令和元年に独立、ゴトーラボを
創業してから２年間、数多くのお客様との出会いが、仲間との出会い
がありました。悪戦苦闘するなかで生まれた言葉たちが本書を構成し
ています。
　多くの組織を越境しプロジェクト進行を支援するなかで、世の中に

は、もったいない誤解がたくさんあると、本当に痛感します。たとえば「エンジニアは人間関係やビジネスの成功には関心がない」「自分の技術的な興味の達成ばかり追求している」なんてイメージがあります。しかし筆者が実際に実務のなかで深く触れ合うと、例外なくその正反対の思いを持っていることを話してくれました。

　その逆もまたしかりです。「ビジネスサイドの人間はお金のことばかり」なんてこともいわれたりします。しかし対話し傾聴すると、やっぱりそのほとんどの人は、顧客の役に立ちたい、社会のためになりたいと、素直に思っているのです。

　ただ、社会が少々複雑になりすぎて、その思いを叶えることが難しくなってしまっているように見えます。大人の事情に理解を示し、青臭い志は封印するのが成長だといわれることもあります。しかし実際のところは、大人の事情を優先しても、思ったほどには事態は進捗しません。もちろん直情的に、単刀直入に切り込むだけでもいけません。真の成熟とは、自分も他者も、同じく大切にし、かつその思いを果たすことによって得られます。

　もちろんこれは、言うは易く行うは難しです。そのこんがらがった結び目を、なんとかしてほぐし、問題をシンプルにして、善きものが生み出せたり、享受できたりする社会にならないものか、できないものか、といつも考えています。

　本書の編集者である渡邊康治氏は、そんな私の思いに応え、共創してくださりました。企画提案、原稿執筆のいずれも、度々のバージョンアップに辛抱強くつきあっていただき、こんなに楽しいことはありませんでした。

　またこのプロジェクトは、家族はもちろんのこと、友人として、仕

事仲間として、お客様として関係性を紡いでくださってきたすべての方々の支えがあってこそ、実行することができました。本当は一人ひとりの名前を記したかったのですが、あまりにも長くなってしまったので割愛させていただきます。心からの感謝を記したいと思います。

　2021年9月　仕事場にて

後藤洋平

本書に関するお問い合わせ

このたびは翔泳社の書籍をお買い上げいただき、誠にありがとうございます。
弊社では、読者の皆様からのお問い合わせに適切に対応させていただくため、
以下のガイドラインへのご協力をお願いいたしております。
下記項目をお読みいただき、手順に従ってお問い合わせください。

■ ご質問される前に

弊社Webサイトの「正誤表」をご参照ください。
これまでに判明した正誤や追加情報を掲載しています。
──正誤表 ● https://www.shoeisha.co.jp/book/errata/

■ ご質問方法

弊社 Web サイトの「刊行物 Q&A」をご利用ください。
──刊行物Q&A ● https://www.shoeisha.co.jp/book/qa/
インターネットをご利用でない場合は、FAX または郵便にて、
下記"翔泳社 愛読者サービスセンター"までお問い合わせください。
電話でのご質問は、お受けしておりません。

■ 回答について

回答は、ご質問いただいた手段によってご返事申し上げます。
ご質問の内容によっては、回答に数日ないしはそれ以上の期間を要する場合があります。

■ ご質問に際してのご注意

本書の対象を超えるもの、記述個所を特定されないもの、また読者固有の環境に起因する
ご質問等にはお答えできませんので、あらかじめご了承ください。

■ 郵便物送付先およびFAX番号

送付先住所　〒160-0006 東京都新宿区舟町5
FAX番号　　 03-5362-3818
宛先　　　　（株）翔泳社 愛読者サービスセンター

＊本書に記載されたURL等は予告なく変更される場合があります。
＊本書の出版にあたっては正確な記述につとめましたが、著者や出版社などのいずれも、
　本書の内容に対してなんらかの保証をするものではなく、
　内容やサンプルに基づくいかなる運用結果に関してもいっさいの責任を負いません。
＊本書に記載されている会社名、製品名はそれぞれ各社の商標および登録商標です。
＊本書に記載されている情報は 2021年9月執筆時点のものです。

著者紹介

後藤洋平 (ごとう・ようへい)

「なぜ人と人は、考えたことを伝えあうのが難しいのだろうか」を生涯
のテーマとしている、プロジェクト進行支援家。株式会社ゴトーラボ
代表。
「世界で一番わかりやすく、実際に使えるプロジェクト推進フレーム
ワーク」を目指してプロジェクト工学を提唱し、プロジェクトマネジメン
ト教育、ハンズオン支援に取り組んでいる。
著書に『予定通り進まないプロジェクトの進め方』(共著、宣伝会議)、
『紙1枚に書くだけでうまくいく プロジェクト進行の技術が身につく
本』(共著、翔泳社)などがある。

装丁　　　小口翔平+三沢稜+須貝美咲(tobufune)
DTP　　　佐々木大介
写真提供　Unsplash

"プロジェクト会議"成功の技法
チームづくりから意思疎通・ファシリテーション・トラブル解決まで

2021年10月20日初版第1刷発行

著　　者　　　後藤洋平
発行人　　　　佐々木 幹夫
発行所　　　　株式会社 翔泳社
　　　　　　　(https://www.shoeisha.co.jp/)
印刷・製本　　日経印刷 株式会社

ISBN978-4-7981-7278-1　　　　　　　　　　　　Printed in Japan